Nuevos Comienzos

Otros libros por esta Autora:
"Sea Transformado: Por el Espíritu del Dios Viviente", 2011

La secuela de este libro se titula *"Pescadores de Hombres: Convirtiéndose en un Discípulo Dinámico de Jesucristo"* y está programada para salir a la venta en 2019. *"Pescadores de Hombres"* lleva al cristiano al próximo nivel de entendimiento y lo prepara para un mayor servicio a Dios. *"Sea Transformado"* se ha utilizado exitosamente en varias denominaciones. Funciona muy bien para grupos de mujeres y hombres, como también para estudios individuales. Ha cambiado un sinnúmero de vidas.

Be Transformed Ministries (Ministerios Sea Transformado) se fundó en 2011, después de la publicación del primer libro de Sharon, "Sea Transformado por el Espíritu del Dios Viviente". La misión del ministerio es compartir el Evangelio de Jesucristo por medio de pláticas, grupos de enseñanzas, publicaciones continuas y ministerio de folletos para alcanzar a las almas perdidas. Una parte significativa del ministerio Be Transformed es alcanzar a aquellos en las cárceles, prisiones y centros de rehabilitación, enviando miles de libros a dichos centros sin costo alguno. Desde 2012, los libros de Be Transformed se encuentran en 50 diferentes instituciones alrededor de los Estados Unidos, con más de 1,550 copias en la cárcel del Condado de Los Ángeles.

Visita nuestra página para saber más del ministerio Be Transformed o para ordenar nuestros libros. También puedes informarte sobre cómo asociarte financieramente con nosotros y en oración en: **betransformedministries.com**

Síguenos en Facebook en: **facebook.com/betransformedministries**
Escríbenos a: **betransformed@betransformedministries.com**
Nuestra dirección postal es P.O. Box 597, Grover Beach, CA 93433
¡Gracias!

Nuevos Comienzos

Entendiendo los Principios Básicos de la Fe Cristiana

Para Estudio Individual o Grupal

Incluye Sagradas Escrituras

Por
Sharon Dutra

Traducido por
Max Osegueda

Nuevos Comienzos: Entendiendo los Principios Básicos de la Fe Cristiana

ISBN-13: 978-0578405506 (Be Transformed Ministries)

ISBN-10: 0578405504

Traducción por: Max Osegueda

Transcripción por: Juan Pablo Yun en Upwork.com

Portada del libro y diseño interior por: Bogdan Matei en Upwork.com

Impreso en los Estados Unidos de América

DEDICATORIA

Me gustaría dedicar este libro a todos los hombres y mujeres a quienes he tenido el privilegio de enseñar a través de los años.

Ustedes me apoyaron mientras yo aprendía a enseñar. Ustedes fueron pacientes y firmes en sus compromisos con nuestros estudios bíblicos.

Ustedes me inspiran continuamente a lograr mi máximo potencial: ser la mejor maestra y autora que yo pueda ser, por la gracia de Dios.

Nada de este trabajo sería posible sin ustedes. Yo les doy las gracias con todo mi corazón.

Un agradecimiento especial a todos los que pasaron un sinnúmero de horas estudiando, editando y corrigiendo mi trabajo. Este libro solo es una realidad gracias a Max Osegueda, Enid Schenck, Juan Pablo Yun y Bogdan Matei.

A Michael, mi esposo: tú eres un gran regalo de Dios para mí.

Y por supuesto, mi vida sería todo un desastre sin la obra redentora y el amor de Jesucristo, mi Señor y Salvador. Mi mayor deseo es amarte completamente y dedicar mi vida entera y mis esfuerzos hacia ti, mi Jesús.

ACERCA DE LA AUTORA

Sharon Dutra era una drogadicta que vivía en la calle y odiaba su vida. Ella intentó quitarse la vida varias veces. Durante su encarcelamiento, ella aceptó a Jesucristo en su vida y nunca volvió a ser igual.

Dios le ha dado un don de enseñanza y de evangelización, y sus libros son frutos de dichos dones. El mayor deseo de Sharon es ganar almas para Cristo y equiparlas para convertirse en discípulos dinámicos de Jesucristo. Este libro es sencillo y franco, y ayudará a los cristianos a aprender los principios fundamentales de la fe en la Biblia.

"No es fácil confrontar las cosas desagradables de la vida. Pero Sharon Dutra hace justamente eso. No solo se enfrenta a ellas, sino que también se pone la armadura completa de Dios y entra al campo de batalla con usted, y a la par suya en la fe. Le da las herramientas que necesitará en el camino. Yo me he convertido en un cristiano mucho más victorioso en mi vida diaria gracias a las enseñanzas de Sharon. Ella es una escritora talentosa dirigida por el Espíritu Santo con la esperanza de brindar paz y serenidad a las vidas de los demás. Ella espera ayudarlo a confrontar los temas más difíciles de la vida. Su testimonio brinda esperanza, sus enseñanzas y escritura y brindan cambio y su carismático y transparente amor por Dios brinda inspiración a aquellos que escogen creer en Jesucristo. Sharon invierte su corazón y alma junto con su perspicacia en su escritura. Ella simplifica sus libros de una manera que los hace

enseñables, aplicables y que cambian vidas. La meta principal y el deseo de su corazón es ayudar a los demás a 'Ser Transformados' en su diario caminar con Cristo. Hemos estado estudiando con sus enseñanzas por un año y medio y estamos aquí para testificar que muchas áreas de nuestras vidas han sido transformadas también. Queremos darle las gracias, Sharon, por compartir su don de cambiar vidas con nosotros. Oramos por usted y por que su luz que brilla por Jesús continúe brillando por medio de sus próximas obras de escritura y por medio de su ministerio. Muchas bendiciones le deseamos mientras avanza. ¡Adelante, guerrera cristiana! Con corazones agradecidos y almas remendadas,"
Michael y Susan Guinn, San Luis Obispo, CA

"En cuanto su ministerio en la tierra fue completado, justo antes de ascender hacia el cielo, Jesús les dio a sus seguidores este mandamiento: 'Vayan y hagan discípulos de todas las naciones, y enseñen a estos discípulos a obedecer todos los mandamientos que les he dado'.

Con esto en mente, Sharon Dutra ha escrito un estudio bíblico que 'regresa a lo básico' para ayudar a nuevos discípulos y a aquellos que regresan a la fe a crecer en su caminar con Jesús. Este libro es una gran herramienta para aquellos a quienes nos encanta ver a nuevos creyentes madurar a ser discípulos completos de Jesucristo."

Ron Dee, Pastor Asociado
Iglesia Harvest
Arroyo Grande, CA

CÓMO USAR ESTE LIBRO

Este libro es excelente para grupos o para estudio individual. El método de grupo que mejor nos ha funcionado es que cada persona del grupo tome su turno para leer un párrafo y que busque las Escrituras conforme vayan apareciendo en el texto.

Hay otros temas que pudieron haber sido añadidos a este libro, pero yo seleccioné estos capítulos para facilitar un curso de 12 semanas.

Por lo regular, pasamos como una hora y 45 minutos en cada clase. Estos estudios son largos y contienen muchas Escrituras, así que es probable que no tengan tiempo para discusión en grupo. Sin embargo, si gustan incluir más discusión, tal vez quieran extender su curso.

La Biblia (NTV) se usó para "Nuevos Comienzos". Normalmente, yo prefiero que los estudiantes busquen los versos en sus propias Biblias para que se familiaricen con la ubicación de los libros y los pasajes, pero como este es un libro de verdades básicas, puede haber personas que estén estudiando las Escrituras por primera vez, y ponerlos a buscar las Escrituras tomaría mucho tiempo.

Por esta razón, todas las Escrituras están enlistadas al final de cada capítulo. Por ejemplo: si vas al final del Capítulo 1, verás el título "Capítulo 1, Versículos de Escrituras". Hay un número más oscuro al lado izquierdo de esa página. Este número corresponde al número pequeño al final de cada versículo en el texto. Por ejemplo: "Romanos 12:2[1]". Ese número [1] va de acuerdo con la escritura "1" al final del capítulo.

¡Por favor lee todas las Escrituras! La Biblia es el poder detrás de estos estudios. Aprenderás mucho de Dios y sus caminos si te tomas el tiempo de leerlas. Si no lees las Escrituras, ¡te perderás de la mejor parte del libro!

Mi deseo es que todos aprendan a leer sus Biblias bien. Aprenderán en el Capítulo titulado "¿Qué es la Biblia?" que la práctica diaria de estudiar la Palabra de Dios es uno de los aspectos más esenciales de la vida cristiana.

Tú desarrollarás tu propio método conforme se le facilite a tu grupo, pero si comienzas como se te sugirió, te ayudará a encontrar lo que mejor te funcione en tu ambiente individual.

CONTENIDOS

Capítulo Uno - PECADO...13

    Versículos de Escrituras..18

Capítulo Dos - ARREPENTIMIENTO..27

    Versículos de Escrituras..34

Capítulo Tres - FE...39

    Versículos de Escrituras..44

Capítulo Cuatro - SALVACIÓN...49

    Versículos de Escrituras..54

Capítulo Cinco - ¿QUÉ ES LA BIBLIA?.....................................59

    Versículos de Escrituras..65

Capítulo Seis - ¿QUIÉN ES DIOS?..71

    Versículos de Escrituras..78

Capítulo Siete - ¿QUIÉN ES JESÚS?..85

    Versículos de Escrituras..91

Capítulo Ocho - ¿QUIÉN ES EL ESPÍRITU SANTO?..............101

    Versículos de Escrituras..108

Capítulo Nueve - ¿QUIÉN ES SATANÁS?................................115

    Versículos de Escrituras..123

Capítulo Diez - BAUTISMO...137

    Versículos de Escrituras..142

Capítulo 11 - DIEZMO...149

    Versículos de Escrituras..154

Capítulo 12 - COMUNIÓN..161

    Versículos de Escrituras..166

CAPÍTULO UNO

PECADO

¿En qué piensas cuando escuchas la palabra "pecado"? ¿Tú crees que la gente es mala y que por eso hacen cosas malvadas? ¿Tal vez tú crees que la mayoría de las personas son buenas, pero que se vieron involucradas en malas circunstancias que los 'hizo cometer' cosas terribles? ¿Será posible que todos nazcamos con el pecado en nuestra naturaleza y que hagamos la maldad sin querer?

¿Qué ES El Pecado?

El significado original del pecado se puede explicar como "fallar la marca". Es un término que se usa en el deporte de tiro al blanco. Sabemos que pegarle al centro te da el mejor puntaje. Esta analogía relata la historia de cuando Dios creó a Adán y a Eva. Dios deseaba que ellos vivieran en unión perfecta con Él, haciendo su completa voluntad y disfrutando de una relación íntima y perfecta con Él. No había obstáculos de culpas, vergüenzas, maldad, orgullo, avaricia, egoísmo... ni el castigo que resulta. Pero la mayoría sabemos la historia: Eva mordió la manzana e invitó a Adán para que compartiera su desobediencia (Génesis 3:1-19[1]). El resultado trágico del pecado es la 'Separación de Dios'. Si usted se ha alejado de Dios, esta separación puede no parecer gran cosa. Sin embargo, Dios es quien nos da toda cosa buena y su ausencia significa la falta de amor, gozo, paz y esperanza en nuestras vidas. Por eso a veces nos sentimos tan solos, vacíos y sin propósito.

Desde que el pecado entró en la humanidad por medio de Adán y Eva, todos los seres humanos nacen con esa separación espiritual de Dios. Esta separación continúa en nuestras vidas hasta que tomamos una decisión consciente de rendirnos ante Dios. Nosotros no nos podemos ayudar solos porque nuestra naturaleza es buscar y servir solo nuestros intereses, y nos creemos autosuficientes. ¡Pero encontramos que "auto" es la raíz de todos los problemas (Jeremías 17:9[2])!

Ciertamente, la Biblia dice que nuestros espíritus están literalmente **muertos** antes de invitar a Jesús dentro de nuestros corazones (Efesios 2:1-3[3]; Colosenses 2:13[4]). Esto puede ser difícil de creer porque hemos visto a aquellos que parecen estar felices sin Él. Hasta pueden decir que son "personas espirituales". Sin embargo, Dios dice que la única manera auténtica en la que podemos estar vivos espiritualmente es si Jesús, por su Espíritu Santo, vive dentro de nosotros.

Otra razón por la cual la naturaleza del pecado con la que nacemos nos aleja de Dios es porque Él no puede tolerar el pecado en su presencia. Y como si no fuera peor, no hay manera en la que podamos pagar por nuestro pecado. Ni siquiera podemos intentar ser 'suficientemente buenos' para estar en relación con Dios sin su intervención. Él es absolutamente santo y simplemente no podemos trabajar lo suficientemente duro para satisfacer sus perfectas normas de moralidad (Romanos 3:10[5]; 1 Pedro 1:15[6]).

La verdad es que somos completamente incapaces de sobreponernos a nuestro pecado por nuestra propia cuenta (Romanos 5:1-21[7]; 7:14-8:8[8]; 1 Juan 3:4-10[9]). Si no crees esto, simplemente fíjate en nuestro mundo. Adicciones, avaricia, odio, matanzas, mentiras, temores e ira abundan. O simplemente mira a cualquier niño de 2 años. A ellos no se les enseña a ser egoístas o rebeldes. ¡Lo traen 'por naturaleza'! ¿Y qué dices de las veces en las que te has dicho "no volveré a hacer esto", pero regresas al mismo comportamiento o actitud que detestas? Estos son perfectos ejemplos de la naturaleza humana, la mera raíz del pecado.

Aun las personas que nosotros pensamos que son 'amables' no están libres de pecado. Juan 16:9 nos dice que el peor pecado es negarse a creer en Jesús, quien es Dios mismo. Esto es porque Jesús es "el Camino, la Verdad y la Vida" y nadie puede venir al Padre sin Él (Juan 14:6[10]).

El pecado es un enemigo feroz y siempre te conquistará si no lo dominas (Génesis 4:7[11]; 2 Pedro 2:19[12]). Esta es la razón por la cual nunca encontraremos verdadera paz o satisfacción cuando intentemos satisfacernos con la ambición por el dinero, posición, sexo, poder, fama, deseos o posesiones. El querer servir nuestros propios placeres siempre nos producirá un vacío en el alma, pues fuimos creados para buscar gozo y satisfacción cuando vivimos en una relación íntima con Dios, amándole y sirviéndole a Él.

Desafortunadamente, la mayor parte del mundo nunca llegará a la fe en Cristo. Es una decisión muy costosa y Él requiere nuestra lealtad completa. Vivir por Cristo incumbe cada aspecto de nuestras vidas: nuestras mentes, nuestros deseos, nuestra voluntad, nuestras emociones, nuestros cuerpos, nuestras decisiones, nuestras finanzas y nuestro futuro.

¡Yo No Lo Hice!

Uno de los mayores obstáculos en escoger vivir por Cristo es que queremos minimizar nuestra responsabilidad por el pecado. A la mayoría de nosotros nos cuesta admitir que nos equivocamos y se nos hace aún más difícil cambiar nuestro comportamiento cuando estamos en error. Debemos darnos cuenta de que simplemente porque no cometemos los pecados 'mayores' como mentir, matar, ser promiscuos sexualmente o robar, no significa que estemos libres de pecado. Hay muchas transgresiones que se albergan en nuestros corazones como los chismes, temores, el odio, la intolerancia, el egoísmo, el ser groseros, el orgullo y otras.

Adicionalmente, la Biblia nos dice que otras formas del pecado son "saber lo correcto y no hacerlo" y "saber que algo no es correcto, y sin embargo hacerlo" (Santiago 4:17[13]; Romanos 14:23[14]). Nuestra condición pecaminosa se resume bien en 1 Juan 2:15-17[15].

Ya sea que lo admitamos o no, estamos necesitados desesperadamente del perdón de Dios y de los demás. Este es un componente esencial de vivir en relaciones saludables. Instintivamente sabemos que existe el bien y el mal, lo correcto y lo incorrecto, y que necesitamos ser perdonados por lo que hemos hecho. El perdón brinda paz a nuestros corazones porque remueve el obstáculo de culpa y vergüenza que existe entre nosotros, los demás y Dios. En nuestro próximo capítulo, discutiremos el tema del arrepentimiento, el cual describe nuestra decisión de quitarnos el enfoque de 'nosotros mismos' y deliberadamente poner nuestras vidas en las manos de Dios.

Nuestra Decisión Determina Nuestra Eternidad

Algunas personas piensan que Dios es gruñón y que está enojado, y que solo está esperando que pequemos para 'castigarnos'. Eso es mentira. Él nos ama y no desea nada más que estar en relación cercana a nosotros. Lo que muchos no llegan a entender es que Dios no es el que 'manda a la gente al infierno'. La gente llega al infierno porque se niega a someter sus vidas a Él (Romanos 1:18-25[16]).

La verdad es que los brazos de Dios están abiertos, listos para recibir a aquellos que estén arrepentidos por sus pecados y que decidan amarlo (Isaías 65:1-2[17]). Es de suma importancia que sepamos que es completamente nuestra decisión dónde pasaremos la eternidad. El pecado en nosotros siempre se opondrá a todo lo que representa a Dios. Pero tenemos un Salvador que vino al mundo con el propósito de liberarnos de ese pecado.

Jesús tomó nuestro pecado, nuestra culpa y vergüenza sobre Él cuando murió en la cruz, pero no te equivoques: Él es amor puro y también es completamente justo. Él nos adora, pero no tolera el pecado. Si decidimos rechazarlo, será un eterno peligro.

De nuevo les digo que es nuestra decisión dónde pasaremos la eternidad. Llegará el día en el que todos estaremos frente a nuestro Creador y rendiremos cuentas por la manera en la que hemos vivido (Romanos 14:11-12[18]).

Escógelo a Él mientras aún tengas aliento

Si aún no has invitado a Jesús en tu vida, o si lo has conocido, pero ahora vives apartado de Él, puedes usar esta oración como guía para pedirle que sea el Señor de tu vida. "Señor" es uno de los títulos que se usan en referencia a Jesús, e incluye amigo amoroso y respetado maestro. Él debe ocupar ambas posiciones en tu relación con Él.

"Querido Jesús:

Yo reconozco que te he rechazado a propósito. He decidido vivir mi vida en mis propios términos, tomando decisiones que yo sé que van en contra de tus caminos y ahora sé que eso es pecado. Y yo me doy cuenta de que estas decisiones me han dejado solo, enojado, vacío e insatisfecho. Ahora pido tu perdón. Quiero estar lleno de gozo, paz y esperanza, y creo que solo tú me puedes ofrecer una vida genuina. Así que te pido que por favor entres a mi corazón y me llenes con tu Espíritu. Ayúdame a estar dispuesto a dejar mi vida anterior y a recibir la nueva vida que tienes planeada para mí. Yo escojo seguirte con todo mi ser, aun cuando no entiendo todo lo que haces. Me comprometo a buscarte en la Biblia y en oración y a encontrar una iglesia basada en la Biblia para poder crecer en mi nueva fe. En el nombre de Jesús, Amén."

¡Arrepiéntete de tu pecado hoy para recibir el perdón de Dios y el poder para vivir una vida nueva!

CAPÍTULO 1
Versículos de Escrituras

1. **Génesis 3:1-19:** La serpiente era el más astuto de todos los animales salvajes que el Señor Dios había hecho. Cierto día le preguntó a la mujer: "¿De veras Dios les dijo que no deben comer del fruto de ninguno de los árboles del huerto?". ² "Claro que podemos comer del fruto de los árboles del huerto", contestó la mujer. ³ "Es solo del fruto del árbol que está en medio del huerto del que no se nos permite comer. Dios dijo: 'No deben comerlo, ni siquiera tocarlo; si lo hacen, morirán'". ⁴ "¡No morirán!", respondió la serpiente a la mujer. ⁵ "Dios sabe que, en cuanto coman del fruto, se les abrirán los ojos y serán como Dios, con el conocimiento del bien y del mal". ⁶ La mujer quedó convencida. Vio que el árbol era hermoso y su fruto parecía delicioso, y quiso la sabiduría que le daría. Así que tomó del fruto y lo comió. Después le dio un poco a su esposo que estaba con ella, y él también comió. ⁷ En ese momento, se les abrieron los ojos, y de pronto sintieron vergüenza por su desnudez. Entonces cosieron hojas de higuera para cubrirse. ⁸ Cuando soplaba la brisa fresca de la tarde, el hombre y su esposa oyeron al Señor Dios caminando por el huerto. Así que se escondieron del Señor Dios entre los árboles. ⁹ Entonces el Señor Dios llamó al hombre: "¿Dónde estás?". ¹⁰ El hombre contestó: "Te oí caminando por el huerto, así que me escondí. Tuve miedo porque estaba desnudo". ¹¹ "¿Quién te dijo que estabas desnudo?", le preguntó el Señor Dios. "¿Acaso has comido del fruto del árbol que te ordené que no comieras?". ¹² El hombre contestó: "La mujer que tú me diste fue quien me dio del fruto, y yo lo comí". ¹³ Entonces el Señor Dios le preguntó a la mujer: "¿Qué has hecho?". "La serpiente me engañó", contestó ella. "Por eso comí". ¹⁴ Entonces el Señor Dios le dijo a la serpiente: "Por lo que has hecho, eres maldita más que todos los animales, tanto domésticos como salvajes. Andarás sobre tu vientre, arrastrándote por el polvo

durante toda tu vida. [15] Y pondré hostilidad entre tú y la mujer, y entre tu descendencia y la descendencia de ella. Su descendiente te golpeará la cabeza, y tú le golpearás el talón". [16] Luego le dijo a la mujer: "Haré más agudo el dolor de tu embarazo, y con dolor darás a luz. Y desearás controlar a tu marido, pero él gobernará sobre ti". [17] Y al hombre le dijo: "Dado que hiciste caso a tu esposa y comiste del fruto del árbol del que te ordené que no comieras, la tierra es maldita por tu culpa. Toda tu vida lucharás para poder vivir de ella. [18] Te producirá espinos y cardos, aunque comerás de sus granos. [19] Con el sudor de tu frente obtendrás alimento para comer hasta que vuelvas a la tierra de la que fuiste formado. Pues fuiste hecho del polvo, y al polvo volverás".

2. **Jeremías 17:9:** El corazón humano es lo más engañoso que hay, y extremadamente perverso. ¿Quién realmente sabe qué tan malo es?

3. **Efesios 2:1-3:** Antes ustedes estaban muertos a causa de su desobediencia y sus muchos pecados. [2] Vivían en pecado, igual que el resto de la gente, obedeciendo al diablo, el líder de los poderes del mundo invisible, quien es el espíritu que actúa en el corazón de los que se niegan a obedecer a Dios. [3] Todos vivíamos así en el pasado, siguiendo los deseos de nuestras pasiones y la inclinación de nuestra naturaleza pecaminosa. Por nuestra propia naturaleza, éramos objeto del enojo de Dios igual que todos los demás.

4. **Colosenses 2:13:** Ustedes estaban muertos a causa de sus pecados y porque aún no les habían quitado la naturaleza pecaminosa. Entonces Dios les dio vida con Cristo al perdonar todos nuestros pecados.

5. **Romanos 3:10:** Como dicen las Escrituras: "No hay ni un solo justo, ni siquiera uno."

6. **1 Pedro 1:15:** Pero ahora sean santos en todo lo que hagan, tal como Dios, quien los eligió, es santo.

7. **Romanos 5:1-21:** Por lo tanto, ya que fuimos declarados justos a los ojos de Dios por medio de la fe, tenemos paz con Dios gracias a lo que Jesucristo nuestro Señor hizo por nosotros. [2] Debido a nuestra fe, Cristo nos hizo entrar en este lugar de privilegio inmerecido en el cual ahora permanecemos, y esperamos con confianza y alegría participar de la gloria de Dios. [3] También nos alegramos al enfrentar pruebas y dificultades porque sabemos que nos ayudan a desarrollar resistencia. [4] Y la resistencia desarrolla firmeza de carácter, y el carácter fortalece nuestra esperanza segura de salvación. [5] Y esa esperanza no acabará en desilusión. Pues sabemos con cuánta ternura nos ama Dios, porque nos ha dado el Espíritu Santo para llenar nuestro corazón con su amor. [6] Cuando éramos totalmente incapaces de salvarnos, Cristo vino en el momento preciso y murió por nosotros, pecadores. [7] Ahora bien, casi nadie se ofrecería a morir por una persona honrada, aunque tal vez alguien podría estar dispuesto a dar su vida por una persona extraordinariamente buena; [8] pero Dios mostró el gran amor que nos tiene al enviar a Cristo a morir por nosotros cuando todavía éramos pecadores. [9] Entonces, como se nos declaró justos a los ojos de Dios por la sangre de Cristo, con toda seguridad él nos salvará de la condenación de Dios. [10] Pues, como nuestra amistad con Dios quedó restablecida por la muerte de su Hijo cuando todavía éramos sus enemigos, con toda seguridad seremos salvos por la vida de su Hijo. [11] Así que ahora podemos alegrarnos por nuestra nueva y maravillosa relación con Dios gracias a que nuestro Señor Jesucristo nos hizo amigos de Dios. [12] Cuando Adán pecó, el pecado entró en el mundo. El pecado de Adán introdujo la muerte, de modo que la muerte se extendió a todos, porque todos pecaron. [13] Es cierto, la gente ya pecaba aun antes de que se entregara la ley; pero no se le tomaba en cuenta como pecado, porque todavía no existía ninguna ley para violar. [14] Sin embargo, desde los tiempos de Adán hasta los de Moisés, todos murieron, incluso los que no desobedecieron un mandamiento explícito de Dios como lo hizo

Adán. Ahora bien, Adán es un símbolo, una representación de Cristo, quien aún tenía que venir; [15] pero hay una gran diferencia entre el pecado de Adán y el regalo del favor inmerecido de Dios. Pues el pecado de un solo hombre, Adán, trajo muerte a muchos; pero aún más grande es la gracia maravillosa de Dios y el regalo de su perdón para muchos por medio de otro hombre, Jesucristo; [16] y el resultado del regalo del favor inmerecido de Dios es muy diferente de la consecuencia del pecado de ese primer hombre. Pues el pecado de Adán llevó a la condenación, pero el regalo de Dios nos lleva a ser declarados justos a los ojos de Dios, a pesar de que somos culpables de muchos pecados. [17] Pues el pecado de un solo hombre, Adán, hizo que la muerte reinara sobre muchos; pero aún más grande es la gracia maravillosa de Dios y el regalo de su justicia, porque todos los que lo reciben vivirán en victoria sobre el pecado y la muerte por medio de un solo hombre, Jesucristo. [18] Así es, un solo pecado de Adán trae condenación para todos, pero un solo acto de justicia de Cristo trae una relación correcta con Dios y vida nueva para todos. [19] Por uno solo que desobedeció a Dios, muchos pasaron a ser pecadores; pero por uno solo que obedeció a Dios, muchos serán declarados justos. [20] La ley de Dios fue entregada para que toda la gente se diera cuenta de la magnitud de su pecado, pero mientras más pecaba la gente, más abundaba la gracia maravillosa de Dios. [21] Entonces, así como el pecado reinó sobre todos y los llevó a la muerte, ahora reina en cambio la gracia maravillosa de Dios, la cual nos pone en la relación correcta con él y nos da como resultado la vida eterna por medio de Jesucristo nuestro Señor.

8.   **Romanos 7:14-8:8:** Por lo tanto, el problema no es con la ley, porque la ley es buena y espiritual. El problema está en mí, porque soy demasiado humano, un esclavo del pecado. [15] Realmente no me entiendo a mí mismo, porque quiero hacer lo que es correcto pero no lo hago. En cambio, hago lo que odio. [16] Pero si yo sé que lo que hago está mal, eso demuestra que estoy de acuerdo con que la ley

es buena.[17] Entonces no soy yo el que hace lo que está mal, sino el pecado que vive en mí. [18] Yo sé que en mí, es decir, en mi naturaleza pecaminosa no existe nada bueno. Quiero hacer lo que es correcto, pero no puedo. [19] Quiero hacer lo que es bueno, pero no lo hago. No quiero hacer lo que está mal, pero igual lo hago. [20] Ahora, si hago lo que no quiero hacer, realmente no soy yo el que hace lo que está mal, sino el pecado que vive en mí. [21] He descubierto el siguiente principio de vida: que cuando quiero hacer lo que es correcto, no puedo evitar hacer lo que está mal. [22] Amo la ley de Dios con todo mi corazón, [23] pero hay otro poder dentro de mí que está en guerra con mi mente. Ese poder me esclaviza al pecado que todavía está dentro de mí. [24] ¡Soy un pobre desgraciado! ¿Quién me libertará de esta vida dominada por el pecado y la muerte? [25] ¡Gracias a Dios! La respuesta está en Jesucristo nuestro Señor. Así que ya ven: en mi mente de verdad quiero obedecer la ley de Dios, pero a causa de mi naturaleza pecaminosa, soy esclavo del pecado. Por lo tanto, ya no hay condenación para los que pertenecen a Cristo Jesús; [2] y porque ustedes pertenecen a él, el poder del Espíritu que da vida los ha libertado del poder del pecado, que lleva a la muerte. [3] La ley de Moisés no podía salvarnos, porque nuestra naturaleza pecaminosa es débil. Así que Dios hizo lo que la ley no podía hacer. Él envió a su propio Hijo en un cuerpo como el que nosotros los pecadores tenemos; y en ese cuerpo, mediante la entrega de su Hijo como sacrificio por nuestros pecados, Dios declaró el fin del dominio que el pecado tenía sobre nosotros. [4] Lo hizo para que se cumpliera totalmente la exigencia justa de la ley a favor de nosotros, que ya no seguimos a nuestra naturaleza pecaminosa sino que seguimos al Espíritu. [5] Los que están dominados por la naturaleza pecaminosa piensan en cosas pecaminosas, pero los que son controlados por el Espíritu Santo piensan en las cosas que agradan al Espíritu. [6] Por lo tanto, permitir que la naturaleza pecaminosa les controle la mente lleva a la muerte. Pero permitir que el Espíritu les controle la mente lleva a la vida y a la paz. [7] Pues la naturaleza pecaminosa es enemiga de Dios siempre. Nunca obedeció las leyes de Dios y jamás lo hará. [8] Por eso, los que todavía viven bajo el dominio de la naturaleza pecaminosa nunca pueden agradar a Dios.

9. **1 Juan 3:4-10:** Todo el que peca viola la ley de Dios, porque todo pecado va en contra de la ley de Dios; [5] y ustedes saben que Jesús vino para quitar nuestros pecados, y en él no hay pecado. [6] Todo el que siga viviendo en él no pecará; pero todo el que sigue pecando no lo conoce ni entiende quién es él. [7] Queridos hijos, no dejen que nadie los engañe acerca de lo siguiente: cuando una persona hace lo correcto, demuestra que es justa, así como Cristo es justo. [8] Sin embargo, cuando alguien sigue pecando, demuestra que pertenece al diablo, el cual peca desde el principio; pero el Hijo de Dios vino para destruir las obras del diablo. [9] Los que han nacido en la familia de Dios no se caracterizan por practicar el pecado, porque la vida de Dios está en ellos. Así que no pueden seguir pecando, porque son hijos de Dios. [10] Por lo tanto, podemos identificar quiénes son hijos de Dios y quiénes son hijos del diablo. Todo el que no se conduce con rectitud y no ama a los creyentes no pertenece a Dios.

10. **Juan 14:6:** Jesús le contestó: "Yo soy el camino, la verdad y la vida; nadie puede ir al Padre si no es por medio de mí."

11. **Génesis 4:7:** Serás aceptado si haces lo correcto, pero si te niegas a hacer lo correcto, entonces, ¡ten cuidado! El pecado está a la puerta, al acecho y ansioso por controlarte; pero tú debes dominarlo y ser su amo.

12. **2 Pedro 2:19:** Prometen libertad, pero ellos mismos son esclavos del pecado y de la corrupción porque uno es esclavo de aquello que lo controla.

13. **Santiago 4:17:** Recuerden que es pecado saber lo que se debe hacer y luego no hacerlo.

14. **Romanos 14:23:** Pero si tienes dudas acerca de si debes o no comer algo en particular, entonces es pecado comerlo, pues no eres fiel a tus convicciones. Si haces algo que crees que está mal, pecas.

15. **1 Juan 2:15-17:** No amen a este mundo ni las cosas que les ofrece, porque cuando aman al mundo no tienen el amor del Padre en ustedes. [16] Pues el mundo solo ofrece un intenso deseo por el placer físico, un deseo insaciable por todo lo que vemos, y el orgullo de nuestros logros y posesiones. Nada de eso proviene del Padre, sino que viene del mundo; [17] y este mundo se acaba junto con todo lo que la gente tanto desea; pero el que hace lo que a Dios le agrada vivirá para siempre.

16. **Romanos 1:18-25:** Pero Dios muestra su ira desde el cielo contra todos los que son pecadores y perversos, que detienen la verdad con su perversión. [19] Ellos conocen la verdad acerca de Dios, porque él se la ha hecho evidente. [20] Pues, desde la creación del mundo, todos han visto los cielos y la tierra. Por medio de todo lo que Dios hizo, ellos pueden ver a simple vista las cualidades invisibles de Dios: su poder eterno y su naturaleza divina. Así que no tienen ninguna excusa para no conocer a Dios. [21] Es cierto, ellos conocieron a Dios pero no quisieron adorarlo como Dios ni darle gracias. En cambio, comenzaron a inventar ideas necias sobre Dios. Como resultado, la mente les quedó en oscuridad y confusión. [22] Afirmaban ser sabios pero se convirtieron en completos necios. [23] Y, en lugar de adorar al Dios inmortal y glorioso, rindieron culto a ídolos que ellos mismos se hicieron con forma de simples mortales, de aves, de animales de cuatro patas y de reptiles. [24] Entonces Dios los abandonó para que hicieran todas las cosas vergonzosas que deseaban en su corazón. Como resultado, usaron sus cuerpos para hacerse cosas viles y degradantes entre sí. [25] Cambiaron la verdad acerca de Dios por una mentira. Y así rindieron culto y sirvieron a las cosas que Dios creó pero no al Creador mismo, ¡quien es digno de eterna alabanza! Amén.

17. **Isaías 65:1-2:** El Señor dice: "Estaba listo para responder, pero nadie me pedía ayuda; estaba listo para dejarme encontrar, pero nadie me buscaba. '¡Aquí estoy, aquí estoy!', dije a una nación que no invocaba mi nombre. ² Todo el día abrí mis brazos a un pueblo rebelde. Pero ellos siguen sus malos caminos y sus planes torcidos."

18. **Romanos 14:11-12:** Pues dicen las Escrituras: "Tan cierto como que yo vivo", dice el Señor, "toda rodilla se doblará ante mí, y toda lengua declarará lealtad a Dios". ¹² Es cierto, cada uno de nosotros tendrá que responder por sí mismo ante Dios.

CAPÍTULO DOS

ARREPENTIMIENTO

Hay muchas personas que huyen de la idea entera de tener una relación con Dios. Ellos pasan sus vidas enteras intentado todo lo posible para sentirse 'felices y realizados', ¡pero tontamente y a propósito se resisten al único que realmente puede brindarles gozo profundo y duradero!

El verdadero significado del arrepentimiento es malentendido con frecuencia. Algunas personas piensan que son muy buenas como para doblar rodillas ante alguien. Muchos rechazan la idea de cambiar sus vidas porque suena como algo que les va a prohibir todos sus gozos y placeres. Pero la verdad es que es a través del arrepentimiento que ganamos nuestra libertad y recibimos verdadera paz y gozo. Este es el método por el cual decidimos renunciar a nuestros viejos comportamientos y recibir la nueva vida que Dios nos ofrece. Es el hecho de voltearnos del pecado y acercarnos a Jesús.

Yo creo que hay 3 etapas esenciales por las cuales necesitamos pasar para experimentar el verdadero arrepentimiento y lograr una relación íntima con nuestro Salvador: Fe, Humildad y Rendición. Hay un capítulo que habla más a profundidad acerca de la fe en este libro, pero usaré este tema aquí para explicar las necesidades en el camino del arrepentimiento.

Fe

La fe, la cual es nuestra creencia en Dios, es lo que comienza esta bella relación con nuestro Creador. Primero debemos creer que Él existe, porque todo lo que sigue depende de esta creencia. Pero no termina solamente con nuestra creencia mental en Él; necesitamos tomar el próximo paso al permitirle que gobierne nuestras vidas (Efesios 4:20-24[1]).

Simplemente reconocer que 'Dios existe en algún lugar' no es fe. La Biblia dice: "Aún los demonios creen [que Dios existe], y tiemblan de terror" (Santiago 2:19[2]). La fe genuina es un regalo de Dios, y este tipo de fe transforma nuestra 'creencia' a una **decisión activa** de confiar en Dios y de acercarnos en una relación con Él.

La fe auténtica es como un organismo vivo. Requiere que hagamos cambios necesarios y con propósito para crecer. Sin importar cuánto temor nos cause esta nueva jornada, la verdadera fe nos dará la determinación de buscar una nueva unión más profunda con Dios por medio de Jesucristo.

Humildad

La humildad es un requisito para nuestro arrepentimiento. En realidad, la humildad consiste simplemente en admitir que Dios es el único ser perfecto en el universo y que nosotros no podemos conducir nuestras vidas de la manera que Él desea sin su ayuda. Encontramos que lo contrario de la humildad es la **rebeldía**. Cuando vivimos en pecado, no mostramos humildad. Esencialmente, lo que estamos diciendo es: "Yo voy a vivir mi vida a mi manera".

Cuando escogemos vivir en rebelión con Dios, estamos llenos de **orgullo**. Y cuando nos domina el orgullo, el cual nos lleva a la desobediencia de Dios, no recibimos ningún consejo, ni tenemos deseo de cambiar nuestro camino (2 Corintios 7:10[3]). Nos negamos a rendir nuestra voluntad, aun al Todopoderoso. Pero es imposible vivir por Cristo sin humildad porque siempre estaremos batallando para ser los 'mandamás' de nuestras vidas. Esto destruye toda relación íntima o crecimiento que esperaríamos ganar.

Rendición

Las personas muchas veces temen rendirse a Dios porque no están dispuestos a dejar comportamientos pecaminosos fuera de sus vidas. Hasta cierto nivel, las personas instintivamente saben que tendrán que hacer cambios si se entregan al Señor. Esto resulta ser difícil porque estar en relación con Dios significa entregar el control de nuestras vidas a alguien más.

Irónicamente, seguimos en el mismo surco, sin importar qué tan feas o disfuncionales se hayan vuelto nuestras vidas. A veces se 'siente' más seguro permanecer en nuestro caos que dejar nuestra antigua vida atrás y empezar la vida nueva que ofrece Jesús. Es la misma razón por la cual las personas siguen en relaciones abusivas o en ambientes tóxicos: se dejan llevar por sus temores.

Otros se rehúsan a acercarse a Dios porque piensan que ser cristiano será aburrido, o que les van a tratar como 'extraños' o 'intolerantes'. Puede ser que hayan sido testigos de alguien que dice ser cristiano, pero que actúa de una forma tan impía que el otro llega a pensar que "el cristianismo no funciona". Trágicamente, estas personas hipócritas provocan que otros no creyentes piensen en Jesús como alguien débil y sin valor. Otra razón común por la cual la gente evita a Dios es porque han sido lastimados por personas cristianas, o porque han experimentado a la Iglesia como algo irrelevante o estéril.

Sin embargo, yo creo que la razón más exacta por la cual las personas rechazan a Jesús es porque Él es la verdad. Por lo tanto, se enfrentan a la verdad cuando se acercan a Él. Esto suele ser aterrorizante porque no se quieren ver a sí mismos como realmente son y con honestidad. Ellos temen que no les vaya a gustar lo que encuentren si se examinan con cuidado. Ese temor es probablemente la razón principal por la cual la gente rechaza a Dios y a su pueblo.

Seamos honestos: todos hemos pasado por sufrimientos y consecuencias negativas como resultado de vivir a nuestra voluntad (Gálatas 5:16-17[4]; 19-21[5]). La buena noticia es que nuestra búsqueda de Dios empieza cuando nos sentimos insatisfechos, vacíos, tristes, culpables o fuera de control. Algo nos dice que la vida nos ofrece más y sabemos por dentro que la estamos desperdiciando.

Entregarnos realmente a Dios cambiará nuestros corazones, estilos de vida y nuestras mentes para que reflejemos más el carácter de Jesús como se indica en 1 Corintios 13:4-7[6] y Gálatas 5:22-24[7]. Dios dice que si en verdad lo deseamos y lo buscamos, lo encontraremos (Deuteronomio 4:29[8]). Estar en relación con Dios nos brinda la vida, abundancia, paz, el propósito y el gozo que nuestras almas siempre han deseado.

Todos hemos visto los resultados en nuestras vidas cuando nos controlan nuestras decisiones egoístas. Si somos honestos, admitiremos que es inevitable tomar decisiones que vayan en contra de la voluntad de Dios y la infelicidad siempre será el fruto si vivimos apartados de Él. Entonces la pregunta es: ¿Cuántas veces tenemos que encontrarnos enterrados en vergüenza, miseria, soledad o dolor antes de someternos al Dios que tanto nos ama?

Sigamos Al Arrepentimiento

El arrepentimiento en realidad significa "voltearse 180 grados". De hecho, lo hacen los militares cuando les ordenan dar la media vuelta: van marchando en una dirección y de repente cambian a la dirección opuesta. En términos espirituales, el arrepentimiento también es "voltearse", tanto en la actitud de nuestros corazones como en nuestras acciones. Le damos la espalda al pecado y nos acercamos a Dios.

Para aceptar a Jesús en nuestros corazones y permitirle cambiar nuestras vidas, debemos aceptar el hecho de que somos pecadores y que nos duele la manera en la que vivíamos apartados de Él (Isaías 57:15[9]; Mateo 4:17[10]; Hechos 2:38[11]; 20:21[12]). Ese es el 'corazón' del arrepentimiento. También debemos reconocer que cuando estamos viviendo sin Cristo, nos dirigimos a una eternidad sin esperanza.

El arrepentimiento no solo es un proceso crucial por el cual llegamos a conocer a Dios, sino que debe convertirse en una práctica continua en nuestra vida cristiana. Admitir angustiosamente nuestras fallas siempre debe seguir a nuestras acciones pecaminosas. Confesar nuestro pecado y huir del mismo es la 'acción' del arrepentimiento. El arrepentimiento es algo hermoso porque tiene la habilidad de limpiar nuestras almas y restaurar nuestra relación con Dios y los demás.

Otra verdad asombrosa del arrepentimiento es que cuando genuinamente aceptamos a Jesús y lo que pagó por nuestros pecados, Él nos perdona. A muchas personas les cuesta trabajo creer esto y piensan que tienen que seguir 'pagando' por el pecado que cometieron. Sin embargo, esto básicamente implicaría que Jesús 'no hizo lo suficiente' para pagar nuestro pecado y que 'Él necesita nuestra ayuda'. Aunque sí tendremos que enfrentar las consecuencias naturales de nuestro pecado y hacer un esfuerzo por evitarlo en el futuro, Dios nos perdona completamente cuando lo buscamos con verdadero arrepentimiento.

Obviamente vamos a cometer errores porque no somos perfectos, pero nuestro pecado debe ser una ocurrencia ocasional, no un hábito. Si desarrollamos la práctica de arrepentirnos bien, esto mantendrá nuestros corazones blandos y corregibles. Entonces encontraremos descanso para nuestras almas por medio del perdón de Dios cada vez que tropecemos (1 Juan 1:9-10[13]). El versículo 10 en esta escritura habla del "endurecimiento de nuestros corazones", lo cual puede suceder si repetidamente nos negamos a arrepentirnos y regresar a los caminos de Dios. Su perdón nunca debe ser una excusa para hacer lo que queramos, ni para tomar su bondad como algo leve.

¡Haz Algo!

Cuando escogemos a Cristo como nuestro maestro, comenzamos a cambiar de dirección: de nuestro viejo estilo de vida hacia Dios. Empezamos a tomar decisiones que le agradan a Él, en vez de siempre egoístamente complacernos a nosotros mismos. Es entonces cuando experimentamos la vida abundante que ofrece Jesús.

Sin embargo, solo podemos hacer esto por medio del poder del Espíritu Santo, que también es Dios. Intentar vivir la vida cristiana sin el Espíritu siempre resulta en religión, lo cual es esclavitud sin sentido. Aprenderemos más del Espíritu Santo en otro capítuo.

Como en toda relación, los dos lados deben hacer un esfuerzo por tener una conexión vital. Dios ya ha comprobado su amor por nosotros por medio de la muerte de Jesús en la cruz. Ahora es nuestra responsabilidad hacer todo lo que esté en nuestro poder por permanecer cerca del Señor y hacerlo nuestra nueva prioridad (Mateo 6:33[14]).

Conforme sigamos activamente a Cristo, Él seguirá caminando a la par nuestra y nos dará la fortaleza y dirección que necesitamos para hacer su voluntad. De hecho, ¡Él se deleita en hacer esto (2 Samuel 22:20[15]; Salmo 18:19[16]; 37:23[17])! Una bella imagen de nuestra vida 'antes y después' se encuentra en Isaías 62:4[18]. Ya no estarás desolado (solo, desesperado y vacío), sino que serás el tesoro querido de Dios (Deuteronomio 14:2[19]; 26:18[20]).

Entre más doblemos nuestra voluntad al Salvador, nos haremos más como Él. Compartir y confesar nuestras fallas y pecados con Dios es un componente esencial de vivir y crecer en una vida cristiana exitosa. Jesús no promete que va a ser fácil seguirlo consistentemente. Puede ser que Él no cambie nuestras circunstancias, pero Él promete estar con nosotros al pasar por ellas. ¡Ciertamente conocerlo y servirle es lo más emocionante, maravilloso y satisfactorio que te puedas imaginar!

Nos acercaremos más al Señor conforme nos arrepintamos regularmente y por medio de asistir a la iglesia, leer la Biblia, la oración y pasar tiempo con los demás que genuinamente viven con valores cristianos. Así nuestros pensamientos y acciones se alinearán más con la voluntad de Dios.

¡Esta nueva forma de vivir no se dará por sí sola, ni será inmediata! Tomará tiempo y esfuerzo para desarrollar nuevas actitudes y costumbres de vida. Pero recuerda que Jesús promete darnos toda la ayuda que necesitamos de su Espíritu Santo conforme vamos dejando atrás nuestras viejas costumbres y aceptamos la nueva vida que Él graciosamente nos ofrece (Romanos 8:9-14[21]).

¡Jesús desea cambiar nuestras vidas para nuestro beneficio y su gloria!

CAPÍTULO 2
Versículos de Escrituras

1. **Efesios 4:20-24:** Pero eso no es lo que ustedes aprendieron acerca de Cristo. [21] Ya que han oído sobre Jesús y han conocido la verdad que procede de él, [22] desháganse de su vieja naturaleza pecaminosa y de su antigua manera de vivir, que está corrompida por la sensualidad y el engaño. [23] En cambio, dejen que el Espíritu les renueve los pensamientos y las actitudes. [24] Pónganse la nueva naturaleza, creada para ser a la semejanza de Dios, quien es verdaderamente justo y santo.

2. **Santiago 2:19:** Tú dices tener fe porque crees que hay un solo Dios. ¡Bien hecho! Aun los demonios lo creen y tiemblan aterrorizados.

3. **2 Corintios 7:10:** Pues la clase de tristeza que Dios desea que suframos nos aleja del pecado y trae como resultado salvación. No hay que lamentarse por esa clase de tristeza; pero la tristeza del mundo, a la cual le falta arrepentimiento, resulta en muerte espiritual.

4. **Gálatas 5:16-17:** Por eso les digo: dejen que el Espíritu Santo los guíe en la vida. Entonces no se dejarán llevar por los impulsos de la naturaleza pecaminosa. [17] La naturaleza pecaminosa desea hacer el mal, que es precisamente lo contrario de lo que quiere el Espíritu. Y el Espíritu nos da deseos que se oponen a lo que desea la naturaleza pecaminosa. Estas dos fuerzas luchan constantemente entre sí, entonces ustedes no son libres para llevar a cabo sus buenas intenciones.

5. **Gálatas 5:19-21:** Cuando ustedes siguen los deseos de la naturaleza pecaminosa, los resultados son más que claros: inmoralidad sexual, impureza, pasiones sensuales, [20] idolatría, hechicería, hostilidad, peleas, celos, arrebatos de furia, ambición egoísta, discordias, divisiones, [21] envidia, borracheras, fiestas desenfrenadas y otros pecados parecidos. Permítanme repetirles lo

que les dije antes: cualquiera que lleve esa clase de vida no heredará el reino de Dios.

6. **1 Corintios 13:4-7:** El amor es paciente y bondadoso. El amor no es celoso ni fanfarrón ni orgulloso[5] ni ofensivo. No exige que las cosas se hagan a su manera. No se irrita ni lleva un registro de las ofensas recibidas. [6] No se alegra de la injusticia sino que se alegra cuando la verdad triunfa. [7] El amor nunca se da por vencido, jamás pierde la fe, siempre tiene esperanzas y se mantiene firme en toda circunstancia.

7. **Gálatas 5:22-24:** En cambio, la clase de fruto que el Espíritu Santo produce en nuestra vida es: amor, alegría, paz, paciencia, gentileza, bondad, fidelidad, [23] humildad y control propio. ¡No existen leyes contra esas cosas! [24] Los que pertenecen a Cristo Jesús han clavado en la cruz las pasiones y los deseos de la naturaleza pecaminosa y los han crucificado allí.

8. **Deuteronomio 4:29:** Sin embargo, desde allí, buscarán nuevamente al Señor su Dios. Y si lo buscan con todo el corazón y con toda el alma, lo encontrarán.

9. **Isaías 57:15:** El Alto y Majestuoso que vive en la eternidad, el Santo, dice: "Yo vivo en el lugar alto y santo con los de espíritu arrepentido y humilde. Restauro el espíritu destrozado del humilde y reavivo el valor de los que tienen un corazón arrepentido."

10. **Mateo 4:17:** A partir de entonces, Jesús comenzó a predicar: "Arrepiéntanse de sus pecados y vuelvan a Dios, porque el reino del cielo está cerca".

11. **Hechos 2:38:** Pedro contestó: "Cada uno de ustedes debe arrepentirse de sus pecados y volver a Dios, y ser bautizado en el nombre de Jesucristo para el perdón de sus pecados. Entonces recibirán el regalo del Espíritu Santo."

12. **Hechos 20:21:** He tenido un solo mensaje para los judíos y los griegos por igual: la necesidad de arrepentirse del pecado, de volver a Dios y de tener fe en nuestro Señor Jesús.

13. **1 Juan 1:9-10:** Pero si confesamos nuestros pecados a Dios, él es fiel y justo para perdonarnos nuestros pecados y limpiarnos de toda maldad. [10] Si afirmamos que no hemos pecado, llamamos a Dios mentiroso y demostramos que no hay lugar para su palabra en nuestro corazón.

14. **Mateo 6:33:** Busquen el reino de Dios por encima de todo lo demás y lleven una vida justa, y él les dará todo lo que necesiten.

15. **2 Samuel 22:20:** Me condujo a un lugar seguro; me rescató porque en mí se deleita.

16. **Salmo 18:19:** Me condujo a un lugar seguro; me rescató porque en mí se deleita.

17. **Salmo 37:23:** El Señor dirige los pasos de los justos; se deleita en cada detalle de su vida.

18. **Isaías 62:4:** Nunca más te llamarán "La ciudad abandonada" ni "La tierra desolada". Tu nuevo nombre será "La ciudad del deleite de Dios" y "La esposa de Dios", porque el Señor se deleita en ti y te reclamará como su esposa.

19. **Deuteronomio 14:2:** Tú fuiste separado como pueblo santo para el Señor tu Dios, y él te eligió entre todas las naciones del mundo, para que seas su tesoro especial.

20. **Deuteronomio 26:18:** El Señor ha declarado hoy que tú eres su pueblo, su tesoro especial, tal como lo prometió, y que debes obedecer todos sus mandatos.

21. **Romanos 8:9-14:** Pero ustedes no están dominados por su naturaleza pecaminosa. Son controlados por el Espíritu si el Espíritu de Dios vive en ustedes. (Y recuerden que los que no tienen al Espíritu de Cristo en ellos, de ninguna manera pertenecen a

él). [10] Y Cristo vive en ustedes; entonces, aunque el cuerpo morirá por causa del pecado, el Espíritu les da vida, porque ustedes ya fueron declarados justos a los ojos de Dios. [11] El Espíritu de Dios, quien levantó a Jesús de los muertos, vive en ustedes; y así como Dios levantó a Cristo Jesús de los muertos, él dará vida a sus cuerpos mortales mediante el mismo Espíritu, quien vive en ustedes. [12] Por lo tanto, amados hermanos, no están obligados a hacer lo que su naturaleza pecaminosa los incita a hacer; [13] pues, si viven obedeciéndola, morirán; pero si mediante el poder del Espíritu hacen morir las acciones de la naturaleza pecaminosa, vivirán. [14] Pues todos los que son guiados por el Espíritu de Dios son hijos de Dios.

CAPÍTULO TRES

FE

La palabra "fe" se describe como "dependencia, lealtad y completa confianza". La fe se puede usar en muchos contextos, como simplemente creer que tu auto te llevará a tu destino, o puedes tener una fe más completa, como la confianza firme en Dios, quien no se ve.

Encontramos una de las mejores definiciones bíblicas en el libro de Hebreos. Dice: "Es pues, la fe la certeza de lo que se espera, la convicción de lo que no se ve" (Hebreos 11:1[1]). Conforme creemos y obedecemos a Jesús por fe, nos da esperanza para el futuro, porque vamos desarrollando entendimiento del porqué estamos en la tierra y a dónde iremos después de morir.

Dios nos dio su Palabra escrita, la Biblia, porque Él quiere que lo conozcamos. Su deseo es que aprendamos cómo vivir nuestras vidas de acuerdo con sus principios. La fe bíblica se demuestra por nuestra confianza en Dios, que nos ama, nos dirige, nos protege y nos fortalece, sin importar nuestras circunstancias. Este es el tipo de fe que Dios quiere para todo cristiano.

Leemos en Hebreos 11:6: "Pero sin fe es imposible agradar a Dios; porque es necesario que el que se acerca a Dios crea que Él existe, y que recompensa a los que le buscan". Nuestra fe literalmente determina el tipo de relación que tendremos con el Señor. La mayoría de nosotros nos damos cuenta después de aceptar al Señor que nuestros ojos espirituales estaban cerrados antes de CREER (1 Corintios 2:13-16[2]). No éramos capaces de entender los principios de los que hablaba Jesús porque parecían contrarios a nuestra sabiduría humana.

La fe es la razón por la cual creemos que Jesús vive y obra en nuestras vidas. Aquellos que no tienen a Jesús, y por lo tanto al Espíritu de Dios, viviendo dentro de ellos no pueden entender por qué nos ponemos en manos de Dios, ni la razón por la cual vivimos de acuerdo con sus caminos y planes.

Llegar a la fe no es decisión que solo hacemos una vez. Aunque comienza con nuestra decisión de aceptar a Jesús en nuestros corazones, sigue creciendo por medio de un proceso dinámico. Conforme seguimos escogiendo los caminos del Señor consistentemente en lugar de nuestro propio caminar, comenzaremos a experimentar la vida abundante que Él promete. Esta abundancia incluye paz, gozo, esperanza y propósito en nuestras vidas, y conforme seguimos en relación cercana a Él, Él nos enseña su lealtad por medio de cada prueba. Finalmente, nos damos cuenta de que Él seguirá fiel a su Palabra sin importar lo que pase en nuestras vidas. Esta es fe activa.

¿De Dónde Viene Mi Fe?

Ahora examinemos de dónde viene nuestra fe. Leemos en Romanos 12:3[3] que nuestra fe origina de Dios, no de nosotros mismos. Así que vemos que no es nuestro trabajo obtener nuestra fe; nuestro trabajo es recibirla. La Biblia también dice que la fe viene de Jesús, que también es Dios (2 Pedro 1:14[4]). Y hay veces en las que Dios les dará una medida más a algunas personas. Este tipo de fe es un regalo sobrenatural del Espíritu Santo llamado "Don Espiritual" (1 Corintios 12:9[5]).

Romanos 10:17[6] dice que la fe también viene de oír la Palabra de Dios, de manera que nuestra fe seguirá siendo refinada y fortalecida conforme leamos la Biblia y escuchemos enseñanzas bíblicas. Sin embargo, debemos obedecer lo que hemos aprendido de Dios para que nuestra fe aumente y madure. ¡Es muy sorprendente que nuestra fe provenga de Dios, Jesús, el Espíritu Santo y la Biblia!

Fe Práctica

Algunas preguntas importantes que la gente se hace son: "¿Cómo demostrar mi fe al conducirme por este mundo?" "¿Qué significa vivir como persona de fe?" "¿Qué sentido tiene tener fe aparte de poder llegar al cielo?" Santiago 2:13-26[7] habla de la "fe en acción". Las personas con fe activa y genuina en Jesús tienen un parecido a Él y se la pasan haciendo buenas obras porque eso es el **fruto**, el producto de su relación con Él (Santiago 3:13[8]).

Otra pregunta que las personas se hacen acerca de su fe es si sus oraciones en verdad hacen alguna diferencia. Tal vez te preguntes si Dios en realidad escucha tus oraciones. Podemos frustrarnos cuando lo que hemos estado pidiendo en oración no resulta. Podemos empezar a cuestionar nuestra fe. La respuesta está en el carácter de Dios. Solo Él tiene el poder para ver nuestro futuro, y como tal, Él sabe qué es lo mejor para nosotros.

Aunque creamos tener la mejor respuesta a nuestros problemas y oremos en esa dirección, la verdad es que nuestras soluciones tal vez no quepan dentro de los planes que Dios tiene para nosotros en esa situación en particular. Y es posible que nuestros planes no sean la mejor opción para nosotros o los demás. ¡Yo sé que ha habido muchas veces en las que Dios no respondió a mis oraciones de la manera en la que yo hubiera querido! Debemos orar por todo, pero dejarle a Él el resultado.

¡Tú No Tienes Suficiente Fe!

Tal vez eres cristiano y te han dicho: "Tú simplemente no tienes suficiente fe y por eso tus oraciones no se te han concedido". ¡Esto no es bíblico! Hay muchas razones por las cuales nuestras oraciones no han tenido respuesta conforme a lo que hemos pedido. Nuestra fe proviene de Dios, así que todos los que en verdad creen en Él tienen bastante fe.

Una razón por la cual nuestras oraciones no han tenido respuesta es porque lo que hemos pedido no es lo mejor (Santiago 4:1-3[9]). O puede ser que tengamos pecados escondidos en nuestras vidas que necesitan ser confesados y de los que debemos arrepentirnos antes de que nuestras oraciones sean escuchadas (Santiago 5:16-17[10]). Por ejemplo, tal vez estemos orando por la salvación de otra persona. ¡Definitivamente es la voluntad de Dios que ellos sean salvos! Sin embargo, si ellos se niegan a aceptar a Jesús en sus vidas, tiene que ver menos con nuestra fe y oraciones y más con su terca rebeldía. Dios no se impone en nosotros a la fuerza. Por esta razón, nuestras oraciones pueden pasar sin respuesta (Hebreos 10:39[11]).

Debemos estar en relación cercana con el Señor para tener su corazón y mente. Conforme nos vamos convirtiendo más como Él por medio de esta unión, nuestras oraciones empezarán a cambiar y estarán más alineadas con su voluntad. Cuando los deseos de nuestros corazones sean cambiados, no nos importarán los autos lujosos, las casas grandes ni las cuentas bancarias repletas de dinero.

Nuestro nuevo enfoque será en otras personas, aquellos que son menos afortunados que nosotros. Empezaremos a pedir ayuda para los perdidos y los necesitados. Dios nos fortalecerá para compartir nuestra fe para que otros puedan conocer al Señor. Solamente así es como Dios podrá bendecir nuestras oraciones abundantemente, porque estaremos pidiendo de acuerdo con su voluntad.

Fe, No Obras
Hay bastantes religiones en las cuales la gente tiene que participar en diferentes tipos de servicios o rituales para agradar a Dios. A veces, deben tener muchos hijos para que sean 'representados' en el cielo. O se les requiere que toquen cierto número de puertas. O deben traer suficientes personas convertidas a su fe para lograr tener suficientes 'buenas obras' para agradar a Dios y ganar su favor. Es desconsolador ver a personas que se preguntan si están haciendo lo suficiente para agradar a Dios y que viven cada día con el temor de perder su salvación.

Sin embargo, el Dios de la Biblia se deleita completamente con aquellos que confían en la fe de que Jesús ya pagó sus deudas. ¡Nuestra cuenta ya está pagada! Jesús sabía que nunca podríamos 'ganar lo suficiente' para poder pagar por nuestras transgresiones con nuestros propios esfuerzos, así que Él lo hizo con amor por nosotros.

De hecho, la Biblia dice: "Pero la gente no es considerada justa por sus acciones sino por su fe en Dios, quien perdona a los pecadores" (Romanos 4:5[12]). Aunque las buenas obras son el resultado de nuestra relación con Jesús, estas 'obras' nacen de nuestro amor por Él, no por temor a que no estemos haciendo lo suficiente para ganar nuestro lugar en el cielo.

Acerca De Ese Fruto

Hemos aprendido que la fe genuina es fe que produce fruto (Mateo 7:17[13]; Lucas 6:45[14]). La Biblia usa la palabra "fruto" para describir los resultados visibles de nuestras obras por Dios, así como un árbol que produce fruto que podemos ver. Parte de ese fruto incluye platicar de Jesús frecuentemente con los demás conforme nos va guiando el Espíritu Santo. Esto significa brindarle gloria a Dios cada día en todo lo que hagamos (1 Corintios 10:31[15]). También incluye ministrar al cuerpo de Cristo: la Iglesia. Este tipo de fruto es eterno y permanecerá para siempre.

Aquellos que estén pegados a la vid (que es Jesús) dan mucho fruto, lo cual le brinda gloria al Padre (Juan 15:5-8[16]). ¡Jesús dice que cada árbol que no produce buen fruto será cortado y tirado al fuego (Mateo 3:10[17])! Dios quiere que el fruto que se produce en nuestras vidas le brinde alabanza y honor. Él quiere usarnos para alcanzar a las almas perdidas para que tengan una relación con Él (Mateo 25:20-45[18]).

Nosotros recibimos salvación para que podamos estar cerca de Dios e irnos al cielo para siempre, pero también debemos usar el tiempo, talento y dinero que se nos ha dado para engrandecer su reino. La primera importancia para Dios es por las personas, y Él usa a aquellos que profundamente y con fe aman a su Hijo para alcanzar al mundo perdido de parte suya.

¡Decide por fe creer y confiar en Jesús!

CAPÍTULO 3
Versículos de Escrituras

1. **Hebreos 11:1:** La fe es la confianza de que en verdad sucederá lo que esperamos; es lo que nos da la certeza de las cosas que no podemos ver.

2. **1 Corintios 2:13-16:** Les decimos estas cosas sin emplear palabras que provienen de la sabiduría humana. En cambio, hablamos con palabras que el Espíritu nos da, usando las palabras del Espíritu para explicar las verdades espirituales; 14 pero los que no son espirituales no pueden recibir esas verdades de parte del Espíritu de Dios. Todo les suena ridículo y no pueden entenderlo, porque solo los que son espirituales pueden entender lo que el Espíritu quiere decir. 15 Los que son espirituales pueden evaluar todas las cosas, pero ellos mismos no pueden ser evaluados por otros. 16 Pues, "¿Quién puede conocer los pensamientos del Señor? ¿Quién sabe lo suficiente para enseñarle a él?". Pero nosotros entendemos estas cosas porque tenemos la mente de Cristo.

3. **Romanos 12:3:** Basado en el privilegio y la autoridad que Dios me ha dado, le advierto a cada uno de ustedes lo siguiente: ninguno se crea mejor de lo que realmente es. Sean realistas al evaluarse a ustedes mismos, háganlo según la medida de fe que Dios les haya dado.

4. **2 Pedro 1:1:** Yo, Simón Pedro, esclavo y apóstol de Jesucristo, les escribo esta carta a ustedes, que gozan de la misma preciosa fe que tenemos. Esta fe les fue concedida debido a la justicia e imparcialidad de Jesucristo, nuestro Dios y Salvador.

5. **1 Corintios 12:9:** A otro el mismo Espíritu le da gran fe y a alguien más ese único Espíritu le da el don de sanidad.

6. **Romanos 10:17:** Así que la fe viene por oír, es decir, por oír la Buena Noticia acerca de Cristo.

7. **Santiago 2:14-26:** Amados hermanos, ¿de qué le sirve a uno decir que tiene fe si no lo demuestra con sus acciones? ¿Puede esa clase de fe salvar a alguien? [15] Supónganse que ven a un hermano o una hermana que no tiene qué comer ni con qué vestirse [16] y uno de ustedes le dice: "Adiós, que tengas un buen día; abrígate mucho y aliméntate bien", pero no le da ni alimento ni ropa. ¿Para qué le sirve? [17] Como pueden ver, la fe por sí sola no es suficiente. A menos que produzca buenas acciones, está muerta y es inútil. [18] Ahora bien, alguien podría argumentar: "Algunas personas tienen fe; otras, buenas acciones". Pero yo les digo: "¿Cómo me mostrarás tu fe si no haces buenas acciones? Yo les mostraré mi fe con mis buenas acciones". [19] Tú dices tener fe porque crees que hay un solo Dios. ¡Bien hecho! Aun los demonios lo creen y tiemblan aterrorizados. [20] ¡Qué tontería! ¿Acaso no te das cuenta de que la fe sin buenas acciones es inútil? [21] ¿No recuerdas que nuestro antepasado Abraham fue declarado justo ante Dios por sus acciones cuando ofreció a su hijo Isaac sobre el altar? [22] ¿Ya ves? Su fe y sus acciones actuaron en conjunto: sus acciones hicieron que su fe fuera completa. [23] Y así se cumplió lo que dicen las Escrituras: "Abraham le creyó a Dios, y Dios lo consideró justo debido a su fe". Incluso lo llamaron "amigo de Dios". [24] Como puedes ver, se nos declara justos a los ojos de Dios por lo que hacemos y no solo por la fe. [25] Rahab, la prostituta, es otro ejemplo. Fue declarada justa ante Dios por sus acciones cuando ella escondió a los mensajeros y los ayudó a regresar sin riesgo alguno por otro camino. [26] Así como el cuerpo sin aliento está muerto, así también la fe sin buenas acciones está muerta.

8. **Santiago 3:13:** Si ustedes son sabios y entienden los caminos de Dios, demuéstrenlo viviendo una vida honesta y haciendo buenas acciones con la humildad que proviene de la sabiduría.

9. **Santiago 4:1-3:** ¿Qué es lo que causa las disputas y las peleas entre ustedes? ¿Acaso no surgen de los malos deseos que combaten en su interior? [2] Desean lo que no tienen, entonces traman y hasta matan

para conseguirlo. Envidian lo que otros tienen, pero no pueden obtenerlo, por eso luchan y les hacen la guerra para quitárselo. Sin embargo, no tienen lo que desean porque no se lo piden a Dios.[3] Aun cuando se lo piden, tampoco lo reciben porque lo piden con malas intenciones: desean solamente lo que les dará placer.

10. **Santiago 5:16-17:** Confiésense los pecados unos a otros y oren los unos por los otros, para que sean sanados. La oración ferviente de una persona justa tiene mucho poder y da resultados maravillosos. [17] Elías era tan humano como cualquiera de nosotros; sin embargo, cuando oró con fervor para que no cayera lluvia, ¡no llovió durante tres años y medio!

11. **Hebreos 10:39:** Pero nosotros no somos de los que se apartan de Dios hacia su propia destrucción. Somos los fieles, y nuestras almas serán salvas.

12. **Romanos 4:5:** Pero la gente no es considerada justa por sus acciones sino por su fe en Dios, quien perdona a los pecadores.

13. **Mateo 7:17:** Un buen árbol produce frutos buenos y un árbol malo produce frutos malos.

14. **Lucas 6:45:** Una persona buena produce cosas buenas del tesoro de su buen corazón, y una persona mala produce cosas malas del tesoro de su mal corazón. Lo que uno dice brota de lo que hay en el corazón.

15. **1 Corintios 10:31:** Así que, sea que coman o beban o cualquier otra cosa que hagan, háganlo todo para la gloria de Dios.

16. **Juan 15:5-8:** [Jesús dijo:] "Ciertamente, yo soy la vid; ustedes son las ramas. Los que permanecen en mí y yo en ellos producirán mucho fruto porque, separados de mí, no pueden hacer nada. [6] El que no permanece en mí es desechado como rama inútil y se seca. Todas esas ramas se juntan en un montón para quemarlas en el fuego. [7] Si ustedes permanecen en mí y mis palabras permanecen en ustedes, pueden pedir lo que quieran, ¡y les será

concedido! [8] Cuando producen mucho fruto, demuestran que son mis verdaderos discípulos. Eso le da mucha gloria a mi Padre."

17. **Mateo 3:10:** Ahora mismo el hacha del juicio de Dios está lista para cortar las raíces de los árboles. Así es, todo árbol que no produzca buenos frutos será cortado y arrojado al fuego.

18. **Mateo 25:20-45:** El siervo al cual le había confiado las cinco bolsas de plata se presentó con cinco más y dijo: "Amo, usted me dio cinco bolsas de plata para invertir, y he ganado cinco más". [21] El amo lo llenó de elogios. "Bien hecho, mi buen siervo fiel. Has sido fiel en administrar esta pequeña cantidad, así que ahora te daré muchas más responsabilidades. ¡Ven a celebrar conmigo!". [22] Se presentó el siervo que había recibido las dos bolsas de plata y dijo: "Amo, usted me dio dos bolsas de plata para invertir, y he ganado dos más". [23] El amo dijo: "Bien hecho, mi buen siervo fiel. Has sido fiel en administrar esta pequeña cantidad, así que ahora te daré muchas más responsabilidades. ¡Ven a celebrar conmigo!". [24] Por último se presentó el siervo que tenía una sola bolsa de plata y dijo: "Amo, yo sabía que usted era un hombre severo, que cosecha lo que no sembró y recoge las cosechas que no cultivó. [25] Tenía miedo de perder su dinero, así que lo escondí en la tierra. Mire, aquí está su dinero de vuelta". [26] Pero el amo le respondió: "¡Siervo perverso y perezoso! Si sabías que cosechaba lo que no sembré y recogía lo que no cultivé, [27] ¿por qué no depositaste mi dinero en el banco? Al menos hubiera podido obtener algún interés de él". [28] Entonces ordenó: "Quítenle el dinero a este siervo y dénselo al que tiene las diez bolsas de plata. [29] A los que usan bien lo que se les da, se les dará aún más y tendrán en abundancia; pero a los que no hacen nada se les quitará aun lo poco que tienen. [30] Ahora bien, arrojen a este siervo inútil a la oscuridad de afuera, donde habrá llanto y rechinar de dientes". [31] Cuando el Hijo del Hombre venga en su gloria acompañado por todos los ángeles, entonces se sentará sobre su trono glorioso. [32] Todas las naciones se reunirán en su presencia, y él separará a la gente como un pastor separa a las ovejas de las

cabras. [33] Pondrá las ovejas a su derecha y las cabras a su izquierda. [34] Entonces el Rey dirá a los que estén a su derecha: "Vengan, ustedes, que son benditos de mi Padre, hereden el reino preparado para ustedes desde la creación del mundo. [35] Pues tuve hambre, y me alimentaron. Tuve sed, y me dieron de beber. Fui extranjero, y me invitaron a su hogar. [36] Estuve desnudo, y me dieron ropa. Estuve enfermo, y me cuidaron. Estuve en prisión, y me visitaron". [37] Entonces esas personas justas responderán: "Señor, ¿en qué momento te vimos con hambre y te alimentamos, o con sed y te dimos algo de beber, o [38] te vimos como extranjero y te brindamos hospitalidad, o te vimos desnudo y te dimos ropa, [39] o te vimos enfermo o en prisión, y te visitamos?". [40] Y el Rey dirá: "Les digo la verdad, cuando hicieron alguna de estas cosas al más insignificante de estos, mis hermanos, ¡me lo hicieron a mí!". [41] Luego el Rey se dirigirá a los de la izquierda y dirá: "¡Fuera de aquí, ustedes, los malditos, al fuego eterno preparado para el diablo y sus demonios! [42] Pues tuve hambre, y no me alimentaron. Tuve sed, y no me dieron de beber. [43] Fui extranjero, y no me invitaron a su hogar. Estuve desnudo, y no me dieron ropa. Estuve enfermo y en prisión, y no me visitaron". [44] Entonces ellos responderán: "Señor, ¿en qué momento te vimos con hambre o con sed o como extranjero o desnudo o enfermo o en prisión y no te ayudamos?". [45] Y él responderá: "Les digo la verdad, cuando se negaron a ayudar al más insignificante de estos, mis hermanos, se negaron a ayudarme a mí".

CAPÍTULO CUATRO

SALVACIÓN

¿Qué te viene a la mente cuando oyes la frase "necesitas ser salvo"?

Tal vez tú veas a los 'cristianos que han vuelto a nacer' como a los 'hippies de los 60s': como el tipo de gente que suele ser siempre feliz y que vive sin preocupaciones, pero fuera de 'la realidad'. Otros creen que su vida está bien y que pueden salvarse a sí mismos, muchas gracias. Otros son tan temerosos de ser vulnerables que no confían en nadie y ni siquiera consideran tener que ser 'salvos' de nada. Pero veamos qué es lo que la Biblia nos enseña acerca de este componente esencial del cristianismo.

La Salvación Es Confirmación Del Amor

En el primer capítulo sobre el pecado aprendimos que estamos perdidos e incapaces de salvarnos a nosotros mismos. Ya sea que queramos admitirlo o no, todos tenemos una necesidad desesperada de ser rescatados de nuestros pecados. Parte del problema es que nos gusta nuestro pecado. Detestamos cuando otros intentan decirnos que no estamos viviendo de la manera que deberíamos.

Preferimos pensar que tenemos 'la libertad' de hacer lo que queramos hacer, pero "libertad" sin autodisciplina es en realidad esclavitud (1 Pedro 2:16[1]; 2 Pedro 2:19[2]). ¿Cuántas veces has conseguido 'lo que has querido', pero resultó ser mucho menos significativo de lo que te habías imaginado antes de conseguirlo? Muchas veces nos damos cuenta de que se crea un vacío cuando vivimos solamente para agradarnos a nosotros mismos. La verdad es que solo logramos libertad genuina al rendirnos ante nuestro Señor Jesucristo (Gálatas 3:22[3]), pero no podemos hacer esto por nuestro propio poder, así que vemos nuestra necesidad de salvación.

La palabra "salvación" significa "salvar". Dios es perfecto, santo y puro. Por lo tanto, ¡Él debe castigar el pecado! Como estamos separados de Dios por nuestro pecado, y la deuda que tenemos por nuestro pecado es muy grande para poder pagarse, necesitamos un Salvador: alguien que pague nuestra deuda, rescatándonos para que regresemos a Dios (Mateo 9:12-13[4]; Juan 3:16-17[5]). Jesús vino a la tierra como Dios encarnado con ese mismo propósito. Por cierto, el nombre de Jesús significa "Salvador" o "salvación" (Mateo 1:21[6]).

Como Dios mismo intervino con amor por nosotros, Él se tomó para sí mismo el castigo que merecíamos por nuestro pecado (Efesios 1:3-8[7]; Gálatas 3:13[8]; 1 Juan 2:2[9]). Jesús pagó nuestro precio, el cual fue la muerte, para que Él pudiera restaurar una relación con nosotros (2 Corintios 5:17-21[10]; 1 Pedro 2:24[11]). Esto se llama reconciliación. Cuando nos damos cuenta de nuestra necesidad por Dios y venimos a Él en arrepentimiento, Él nos da nueva vida y nacemos dentro de la familia de Dios. Este hecho de 'pagar nuestra deuda' se llama redención.

¿Por Qué Dios Pagaría Nuestra Deuda?

Es increíblemente difícil comprender por qué Dios nos ama tanto como para morir por nosotros, especialmente cuando no lo merecemos. Sin embargo, ese es su deseo: que seamos salvos (1 Timoteo 2:3-4[12]). Su amor por nosotros es profundo y vasto y no lo podemos comprender. Sin embargo, Él ha preparado un camino para que aceptemos que nuestro pecado ya está pagado, de manera que podamos acercarnos a su presencia sin culpa ni vergüenza. Su Espíritu sigue obrando en nosotros; nos hace justos, virtuosos, honorables y derechos para que podamos tener comunión con Él en su santidad.

Jesús nos dice en sus propias palabras: "Yo vine a buscar y salvar a los perdidos" (Lucas 19:9-10[13]). Los 'perdidos' son aquellos que viven apartados de una relación cercana con el verdadero Dios viviente. Él tomó la iniciativa de ayudarte a salir de tu pecado. Él quiere borrar la mancha de tu pecado y tu culpa para poder tener un vínculo contigo (Salmo 51:1-2[14]). El pecado y la culpa deben ser encarados porque estos son obstáculos que nos limitan buscar a Dios y disfrutar de su presencia.

¿Por Qué Jesús Tuvo Que Morir Por Mí?

Como ya hemos aprendido, Dios aborrece el pecado. Vemos ejemplos de este enojo en el Antiguo Testamento. La historia del diluvio en el tiempo de Noé, así como la de Sodoma y Gomorra, son dos ejemplos del juicio de Dios contra el pecado. Sabemos que hay historias tanto bíblicas como históricas de ciudades enteras y culturas que fueron destruidas por su inmoralidad. Hasta nosotros hemos visto cómo va decayendo nuestro propio país porque hemos aceptado el pecado como algo normal. A lo bueno ahora le llaman malo y a lo malo le llaman bueno (Isaías 5:20[15]).

Jesús fue escogido para pagar nuestro pecado porque solamente Dios mismo podría soportar su propia ira. Él sabe que los seres humanos somos completamente incapaces de soportar su juicio abrumador, pues nos destruiría completamente. Por eso Jesús tomó nuestro castigo. Como Dios, Jesús es el único que podría soportar el peso del coraje contra el pecado.

Y eso es exactamente el Evangelio: las buenas nuevas de que Jesús murió en mi lugar y ahora puedo sentir una relación cercana con Dios. En efecto, Él intercambió mi maldad por su rectitud, lo cual es su propia justificación con Dios padre (Tito 3:4-7[16]).

Ninguno de nosotros es lo suficientemente bueno para estar en relación con Dios (Romanos 3:21-26[17]). Sin embargo, Él nos adora sin importar lo que hemos hecho. Aunque sí hay una responsabilidad por parte nuestra de permanecer en relación con Él y obedecer sus caminos, Él ya hizo la obra que nosotros somos incapaces de cumplir por nuestra cuenta; y ahora, como auténticos cristianos, estamos en perfecto estado con el Padre (Colosenses 1:21-22[18]).

Todos Los Caminos NO Nos Llevan A Dios

Hay muchas religiones en el mundo y probablemente has oído decir que "todos esos caminos te llevan a Dios", pero Jesús dijo que Él es el único camino al Padre (Juan 14:6[19]; 17:3[20]; Hechos 4:11-12[21]). Las personas que no han aceptado a Jesús en sus corazones no pueden entender esta verdad. Muchos claman ser espirituales, pero si no han recibido salvación de Jesucristo, ellos literalmente tienen el espíritu equivocado obrando dentro de ellos. Las personas que no tienen el Espíritu de Dios piensan que lo que Jesús dice es de mente cerrada, rígida y de tontos (1 Corintios 2:14[22]).

Sin embargo, si lo piensas bien, a todas las religiones, con excepción del cristianismo, les falta la belleza de Dios, quien bajó a ayudarnos. Todas las demás "religiones" están basadas en la habilidad del hombre para hacerse maestro de su propio destino. Puede ser que tengan requisitos que cumplir para 'complacer a los dioses' y que requieran de mucho trabajo y esfuerzo humano. Otras religiones promueven la idea de ponernos en el 'trono' de nuestras vidas para poder tomar las decisiones en nuestras vidas sin ninguna ayuda de Dios, pero ambos métodos nos dejan con el mismo problema: nuestra naturaleza pecaminosa sigue en marcha. Solo Dios puede cambiar realmente el corazón humano.

Jesús mismo nos dice que necesitamos "volver a nacer" para poder ver la dimensión sobrenatural de su reino (Juan 3:1-8[23]). Una vez que ponemos nuestra fe en Jesús, su Espíritu Santo nos da un nuevo entendimiento de las cosas espirituales. Por ejemplo: empezamos a comprender la Biblia a otro nivel porque el Espíritu Santo es el único que puede revelarnos el significado de las Escrituras.

Comenzamos a tener nuevos sentimientos y nuevas formas de relacionarnos con otros. Al momento de la salvación, nuestros espíritus se 'avivan' por medio de una transformación sobrenatural. Como resultado, recibimos un nuevo entendimiento de Dios, y conforme vamos progresando en nuestra fe cristiana, llegaremos a amar al Salvador de una forma más profunda y desearemos agradarle con más de nuestras vidas.

Jesús sacrificó su propia vida para que pudiéramos ser libres de vivir en obediencia amorosa a Él. Siempre hemos tenido la 'libertad' de pecar, pero ahora, con el poder del Espíritu Santo, podemos exhibir el carácter de Jesús en nuestras vidas (Colosenses 3:12-15[24]). Esto incluye poner primero a los demás y demostrar su mero carácter, el cual consiste en amor, gozo, paz, paciencia, bondad, gentileza, fidelidad y control propio. La Biblia nos dice que somos salvos, así que ahora podemos hacer las obras a las cuales Dios nos ha llamado (Efesios 2:8-10[25]).

¡Amar y obedecer a Jesús cambiará cada parte de tu vida!

CAPÍTULO 4
Versículos de Escrituras

1.   **1 Pedro 2:16:** Pues ustedes son libres, pero a la vez, son esclavos de Dios, así que no usen su libertad como una excusa para hacer el mal.

2.   **2 Pedro 2:19:** Prometen libertad, pero ellos mismos son esclavos del pecado y de la corrupción porque uno es esclavo de aquello que lo controla.

3.   **Gálatas 3:22:** Pero las Escrituras declaran que todos somos prisioneros del pecado, así que recibimos la promesa de libertad que Dios hizo únicamente por creer en Jesucristo.

4.   **Mateo 9:12-13:** Cuando Jesús los oyó, les dijo: "La gente sana no necesita médico, los enfermos sí". [13] Luego añadió: "Ahora vayan y aprendan el significado de la siguiente Escritura: "Quiero que tengan compasión, no que ofrezcan sacrificios". Pues no he venido a llamar a los que se creen justos, sino a los que saben que son pecadores".

5.   **Juan 3:16-17:** Pues Dios amó tanto al mundo que dio a su único Hijo, para que todo el que crea en él no se pierda, sino que tenga vida eterna. [17] Dios no envió a su Hijo al mundo para condenar al mundo, sino para salvarlo por medio de él.

6.   **Mateo 1:21:** Y tendrá un hijo y lo llamarás Jesús, porque él salvará a su pueblo de sus pecados.

7.   **Efesios 1:3-8:** Toda la alabanza sea para Dios, el Padre de nuestro Señor Jesucristo, quien nos ha bendecido con toda clase de bendiciones espirituales en los lugares celestiales, porque estamos unidos a Cristo. [4] Incluso antes de haber hecho el mundo, Dios nos amó y nos eligió en Cristo para que seamos santos e intachables a sus ojos. [5] Dios decidió de antemano adoptarnos como miembros de su familia al acercarnos a sí mismo por medio de Jesucristo. Eso

es precisamente lo que él quería hacer, y le dio gran gusto hacerlo. [6] De manera que alabamos a Dios por la abundante gracia que derramó sobre nosotros, los que pertenecemos a su Hijo amado. [7] Dios es tan rico en gracia y bondad que compró nuestra libertad con la sangre de su Hijo y perdonó nuestros pecados. [8] Él desbordó su bondad sobre nosotros junto con toda la sabiduría y el entendimiento.

8.   **Gálatas 3:13:** Pero Cristo nos ha rescatado de la maldición dictada en la ley. Cuando fue colgado en la cruz, cargó sobre sí la maldición de nuestras fechorías. Pues está escrito: "Maldito todo el que es colgado en un madero".

9.   **1 Juan 2:2:** Él mismo es el sacrificio que pagó por nuestros pecados, y no solo los nuestros sino también los de todo el mundo.

10. **2 Corintios 5:17-21:** Esto significa que todo el que pertenece a Cristo se ha convertido en una persona nueva. La vida antigua ha pasado; ¡una nueva vida ha comenzado! [18] Y todo esto es un regalo de Dios, quien nos trajo de vuelta a sí mismo por medio de Cristo. Y Dios nos ha dado la tarea de reconciliar a la gente con él. [19] Pues Dios estaba en Cristo reconciliando al mundo consigo mismo, no tomando más en cuenta el pecado de la gente. Y nos dio a nosotros este maravilloso mensaje de reconciliación. [20] Así que somos embajadores de Cristo; Dios hace su llamado por medio de nosotros. Hablamos en nombre de Cristo cuando les rogamos: "¡Vuelvan a Dios!". [21] Pues Dios hizo que Cristo, quien nunca pecó, fuera la ofrenda por nuestro pecado, para que nosotros pudiéramos estar en una relación correcta con Dios por medio de Cristo.

11. **1 Pedro 2:24:** Él mismo cargó nuestros pecados sobre su cuerpo en la cruz, para que nosotros podamos estar muertos al pecado y vivir para lo que es recto. Por sus heridas, ustedes son sanados.

12. **1 Timoteo 2:3-4:** Esto es bueno y le agrada a Dios nuestro Salvador, [4] quien quiere que todos se salven y lleguen a conocer la verdad.

13. **Lucas 19:9-10**: Jesús respondió: "La salvación ha venido hoy a esta casa, porque este hombre ha demostrado ser un verdadero hijo de Abraham. [10] Pues el Hijo del Hombre vino a buscar y a salvar a los que están perdidos."

14. **Salmo 51:1-2:** Ten misericordia de mí, oh Dios, debido a tu amor inagotable; a causa de tu gran compasión, borra la mancha de mis pecados. [2] Lávame de la culpa hasta que quede limpio y purifícame de mis pecados.

15. **Isaías 5:20:** ¡Qué aflicción para los que dicen que lo malo es bueno y lo bueno es malo, que la oscuridad es luz y la luz es oscuridad, que lo amargo es dulce y lo dulce es amargo!

16. **Tito 3:4-7:** Sin embargo, cuando Dios nuestro Salvador dio a conocer su bondad y amor, [5] él nos salvó, no por las acciones justas que nosotros habíamos hecho, sino por su misericordia. Nos lavó, quitando nuestros pecados, y nos dio un nuevo nacimiento y vida nueva por medio del Espíritu Santo. [6] Él derramó su Espíritu sobre nosotros en abundancia por medio de Jesucristo nuestro Salvador. [7] Por su gracia él nos declaró justos y nos dio la seguridad de que vamos a heredar la vida eterna.

17. **Romanos 3:21-26:** Pero ahora, tal como se prometió tiempo atrás en los escritos de Moisés y de los profetas, Dios nos ha mostrado cómo podemos ser justos ante él sin cumplir con las exigencias de la ley. [22] Dios nos hace justos a sus ojos cuando ponemos nuestra fe en Jesucristo. Y eso es verdad para todo el que cree, sea quien fuere. [23] Pues todos hemos pecado; nadie puede alcanzar la meta gloriosa establecida por Dios. [24] Sin embargo, Dios nos declara justos gratuita y bondadosamente por medio de Cristo Jesús, quien nos liberó del castigo de nuestros pecados. [25] Pues Dios ofreció a Jesús como el sacrificio por el pecado. Las personas son declaradas justas a los ojos de Dios cuando creen que Jesús sacrificó su vida al derramar su sangre. Ese sacrificio muestra que Dios actuó con justicia cuando se contuvo y no castigó a los que pecaron en el

pasado, [26] porque miraba hacia el futuro y de ese modo los incluiría en lo que llevaría a cabo en el tiempo presente. Dios hizo todo eso para demostrar su justicia, porque él mismo es justo e imparcial, y declara a los pecadores justos a sus ojos cuando ellos creen en Jesús.

18. **Colosenses 1:21-22:** Eso los incluye a ustedes, que antes estaban lejos de Dios. Eran sus enemigos, separados de él por sus malos pensamientos y acciones; [22] pero ahora él los reconcilió consigo mediante la muerte de Cristo en su cuerpo físico. Como resultado, los ha trasladado a su propia presencia, y ahora ustedes son santos, libres de culpa y pueden presentarse delante de él sin ninguna falta.

19. **Juan 14:6:** Jesús le contestó: "Yo soy el camino, la verdad y la vida; nadie puede ir al Padre si no es por medio de mí."

20. **Juan 17:3:** Y la manera de tener vida eterna es conocerte a ti, el único Dios verdadero, y a Jesucristo, a quien tú enviaste a la tierra.

21. **Hechos 4:11-12:** Pues es Jesús a quien se refieren las Escrituras cuando dicen: "La piedra que ustedes, los constructores, rechazaron ahora se ha convertido en la piedra principal". [12] ¡En ningún otro hay salvación! Dios no ha dado ningún otro nombre bajo el cielo, mediante el cual podamos ser salvos.

22. **1 Corintios 2:14:** Pero los que no son espirituales no pueden recibir esas verdades de parte del Espíritu de Dios. Todo les suena ridículo y no pueden entenderlo, porque solo los que son espirituales pueden entender lo que el Espíritu quiere decir.

23. **Juan 3:1-8:** Había un hombre llamado Nicodemo, un líder religioso judío, de los fariseos. [2] Una noche, fue a hablar con Jesús: "Rabí", le dijo, "todos sabemos que Dios te ha enviado para enseñarnos. Las señales milagrosas que haces son la prueba de que Dios está contigo". [3] Jesús le respondió: "Te digo la verdad, a menos que nazcas de nuevo, no puedes ver el reino de Dios". [4] "¿Qué quieres decir?", exclamó Nicodemo. "¿Cómo puede un hombre mayor

volver al vientre de su madre y nacer de nuevo?". [5] Jesús le contestó: "Te digo la verdad, nadie puede entrar en el reino de Dios si no nace de agua y del Espíritu. [6] El ser humano solo puede reproducir la vida humana, pero la vida espiritual nace del Espíritu Santo. [7] Así que no te sorprendas cuando digo: 'Tienen que nacer de nuevo'. [8] El viento sopla hacia donde quiere. De la misma manera que oyes el viento pero no sabes de dónde viene ni adónde va, tampoco puedes explicar cómo las personas nacen del Espíritu".

24. **Colosenses 3:12-15:** Dado que Dios los eligió para que sean su pueblo santo y amado por él, ustedes tienen que vestirse de tierna compasión, bondad, humildad, gentileza y paciencia. [13] Sean comprensivos con las faltas de los demás y perdonen a todo el que los ofenda. Recuerden que el Señor los perdonó a ustedes, así que ustedes deben perdonar a otros. [14] Sobre todo, vístanse de amor, lo cual nos une a todos en perfecta armonía. [15] Y que la paz que viene de Cristo gobierne en sus corazones. Pues, como miembros de un mismo cuerpo, ustedes son llamados a vivir en paz. Y sean siempre agradecidos.

25. **Efesios 2:8-10:** Dios los salvó por su gracia cuando creyeron. Ustedes no tienen ningún mérito en eso; es un regalo de Dios. [9] La salvación no es un premio por las cosas buenas que hayamos hecho, así que ninguno de nosotros puede jactarse de ser salvo. [10] Pues somos la obra maestra de Dios. Él nos creó de nuevo en Cristo Jesús, a fin de que hagamos las cosas buenas que preparó para nosotros tiempo atrás.

CAPÍTULO CINCO
¿QUÉ ES LA BIBLIA?

La Santa Biblia es el único libro en el mundo que está completa y literalmente inspirado por Dios mismo. Ciertamente la palabra griega para "inspirado" significa "con aliento divino", y como tal, a la Biblia se le llama "la Palabra de Dios". La Biblia es uno de los métodos principales por los cuales Dios se revela a la humanidad.

Hay 66 libros en la Biblia, con aproximadamente 33 autores que la escribieron durante un periodo de casi 1,500 años. Algunas personas argumentan que la Biblia simplemente fue escrita por el hombre y que por lo tanto no es confiable, pero las Escrituras son claras al mencionar que el Espíritu Santo usó a estos hombres para escribir exactamente lo que Dios quería fue fuese escrito (Tesalonicenses 2:13[1]; 2 Pedro 1:20-21[2]).

Dios es libre de errores. Es perfecto, santo y verdadero. Por lo tanto, sus palabras para nosotros son absolutamente ciertas. Atravesamos campos peligrosos cuando empezamos a escoger lo que vamos o no a creer. Cuando alguien rechaza las verdades de Dios, eso no significa que no tendrá que rendir cuentas antes Él.

Como Dios usa la Biblia para aclararnos quién es, debemos aceptarla como algo competo, con autoridad y revelación divina. Aunque no nos agraden temas como el infierno, la condenación o la responsabilidad personal, es esencial que lo aceptemos, lo creamos y que actuemos conforme a lo que Dios nos ha dicho sobre estos temas delicados.

Todo Se Trata De Jesús

Es asombroso leer que Jesucristo es el tema principal que corre por la Biblia desde el principio hasta el final. Esto solamente es una prueba de la naturaleza de la Biblia porque es humanamente imposible que todos estos escritores hayan escrito de un tema en común, especialmente cuando ni se conocían entre ellos mismos. Además, la mayor parte de las Escrituras fueron escritas cientos de años antes de que Jesús caminara sobre la tierra.

Los primeros dos tercios de la Palabra de Dios son el Antiguo Testamento (AT). Luego de haber creado a los seres humanos, Él escogió a la nación de Israel, a quienes llamó israelitas o judíos, para proclamar su amor y gloria al mundo (Deuteronomio 7:6[3]). Él hizo un pacto eterno, lo cual es un acuerdo o promesa entre dos grupos, con ellos. En este pacto, Dios esencialmente les dijo que si ellos dedicaban sus vidas a Él, Él sería su Dios y ellos serían su pueblo amado (Levítico 26:12[4]; Deuteronomio 6:4-9[5]). El entero AT está basado en esta relación.

Desafortunadamente, los israelitas tuvieron una relación poco estable con Dios por cientos de años. Ellos vacilaban entre amarle y servirle. Le daban la espalda, sirviendo a ídolos. Leemos muchas historias en las cuales Dios los castigaba severamente, pero eso no era porque los odiara, sino porque los amaba y quería que se dieran cuenta de que rechazarlo nunca les brindaría amor, paz, gozo y vida. Encontramos el mismo problema entre sus seguidores hoy en día. Por eso tomar a Dios y a su Palabra en serio es tan importante: Él quiere que seamos completamente devotos a Él.

Interesantemente, los judíos siguen siendo una de las razas más odiadas en el mundo. Satanás los odia, y consecuentemente, mucha gente que no sigue a Dios también los odia. Esto es en parte porque son el pueblo amado de Dios y en parte porque Jesús es descendiente judío. Es un milagro que su país sea solamente una tercera parte del tamaño del estado de la Florida y que aun así hayan ganado guerra tras guerra, habiendo mantenido a su pequeñito país intacto. Dios verdaderamente los ha preservado.

El Nuevo Testamento

El último tercio de la Biblia se llama el Nuevo Testamento (NT), el cual es un nuevo pacto entre Dios y aquellos que creen, aman y sirven a Jesús (2 Corintios 3:6[6]; Hebreos 10:16[7]). Estas personas se llaman cristianos. Los cristianos son la Iglesia, la cual es el cuerpo de esta nueva relación y nuevo pacto. Ahora; no importa si eres hombre o mujer, negro o blanco, rico o pobre, judío o no judío. Tú eres parte de la familia escogida de Dios si es que tú genuinamente pones tu fe en Cristo y buscas vivir de acuerdo con su voluntad.

Conforme entramos en esta relación, es imperativo cultivar un temor saludable de Dios. Este 'temor' no significa terror, sino un respeto y asombro que todos debemos tener para poder alabar verdaderamente y obedecer al Señor. Dios es un Dios majestuoso. Él merece la gloria, el honor y la adoración de los seres humanos. Ciertamente, el hombre no podrá ignorar, rechazar y despreciar al Dios viviente por siempre.

El Poder De La Biblia

Leemos que la Biblia está viva (Hebreos 4:12[8]). Es un libro sobrenatural, capaz de revelar y tratar con la raíz del pecado en el corazón humano. Ya que Dios es verdad e incapaz de mentir, su Palabra para nosotros es la única fuente de la verdad en el universo. Increíblemente, la Biblia, igual que el Padre, Hijo y Espíritu, son eternos por naturaleza (Marcos 13:3[9]; 1 Pedro 1:25[10]).

Para poder entender las Escrituras, necesitamos que el Espíritu Santo nos revele el significado. Aquellos que no tienen al Espíritu viviendo dentro de ellos no pueden comprender su contenido (1 Corintios 2:10-16[11]). Es por eso que la gente que no cree en Jesús piensa que la Palabra de Dios es aburrida e irrelevante. El Espíritu es quien le da vida a la Palabra para nosotros y le permite que forme nuestros pensamientos, nuestras voluntades y nuestros corazones (Salmo 19:7-9[12]).

Necesitamos desesperadamente una verdad que sea eterna y sólida como una roca para poder fundar nuestras vidas sobre ella, pues el sistema mundial en el que vivimos está lleno de mentiras, manipulaciones, odio y avaricia. ¿Acaso no nos ha defraudado a todos el gobierno? ¿La ciencia, la medicina? ¿Los amigos, la familia, los jefes... la gente en general? Eso es porque el mundo está basado en sabiduría humana. ¡La naturaleza nata del hombre es engañosa y malvada (Jeremías 17:9[13])! Ciertamente, somos propensos a cometer errores por nuestra forma humana aun cuando buscamos los métodos de Dios.

¿Cómo Podemos Vivir De Acuerdo Con Los Principios de Dios?

Hay una respuesta a nuestro dilema, ¡y se encuentra en la Biblia! Las Escrituras son capaces de limpiar nuestras conciencias y purificar nuestros motivos (Jeremías 23:29[14]; Efesios 5:25-26[15]; 1 Timoteo 1:5[16]). Conforme leemos la Palabra regularmente y la obedecemos de todo corazón, esta es capaz de santificarnos (Juan 17:17[17]). El Espíritu de Dios y la Biblia son capaces de darnos vida genuina (Juan 6:63[18]; 1 Pedro 1:23[19]). Nos enseñan a distinguir entre el bien y el mal, además de que puede corregir nuestros pensamientos (2 Timoteo 3:16-17[20]). Cambia la forma en la que pensamos para que podamos entender y seguir la voluntad de Dios para nuestras vidas (Romanos 12:2[21]).

A la Biblia se le llama la espada del Espíritu porque por medio del poder del Espíritu Santo, es capaz de penetrar en las mentiras que creemos y destruir nuestras viejas formas de pensar (Efesios 6:17[22]). Es increíble que Jesús, así como la Biblia, también sean la Palabra de Dios (Juan 1:1[23]; Apocalipsis 19:13[24]) y la Palabra de la vida (1 Juan 1:1[25]). Como Dios, ¡sus mismas palabras son la Biblia! Él es la Palabra viva y la Biblia es la Palabra escrita.

Las Escrituras son una luz a nuestros pies que ilumina los peligros en nuestro caminar cristiano y nos guarda de peligros **si** las obedecemos (Salmo 119:105[26]). Es capaz de impedir que nos mintamos (Salmo 119:29[27]). Tiene el poder de salvar nuestras almas conforme la leemos y seguimos sus directivas (Santiago 1:21[28]). Puede apartarnos del pecado (Salmo 119:11[29]) y mantenernos puros (Salmo 119:9[30]). También tiene el poder de Salvarnos del malvado Satanás (1 Juan 2:14[31]) cuando le permitimos vivir nuestros corazones.

Recuerda: recibimos salvación por medio de nuestra fe en Cristo, pero debemos seguir siendo purificados para permanecer en Él. Esto es lo que hace la Biblia por nosotros. Las Escrituras nos recuerdan que necesitamos obedecer la Palabra, o si no, nos estamos engañando a nosotros mismos (Santiago 1:23-25[32]; 1 Pedro 2:8[33]). Efectivamente, demostramos nuestro amor por Jesús al obedecer su Palabra (Juan 14:15[34]; Juan 14:21[35]; 1 Juan 2:5[36]) y seremos bendecidos al seguir los mandamientos de nuestro Señor (Apocalipsis 1:3[37]; 22:7[38]). Dios nos sostiene en sus manos, así que no tenemos que preocuparnos por 'perdernos', ¡pero nuestra relación con Él ciertamente se verá afectada si no hacemos un esfuerzo por estar cerca de Jesús!

Esta no es una lista completa sobre lo maravillosa y poderosa que es la Biblia, pero sí nos da una perspectiva sobre lo esencial que es estudiarla y hacer lo que dice. No puedo expresar lo importante que es hacer la lectura de la Biblia una parte de tu vida, y no solo 'leerla', ¡sino estudiarla! Orar durante tu lectura. Hacer preguntas como "¿de qué manera aplico esto en mi vida?", o "Dios, ¿qué me estás tratando de decir?" Mira los mapas para ver en qué lugar ocurrió lo que leías. Puedes buscar las referencias para ver otros pasajes similares, los cuales están en el margen de tu Biblia. Escribe tus pensamientos y oraciones. Es una gran experiencia y llegarás a conocer a Dios mucho mejor. Por favor considera levantarte más temprano por las mañanas si es necesario.

¡Comienza cada día con el libro de la vida! Si te acuestas tarde, lee tu Biblia por las noches. La verdad es que nunca tendrás la calidad de vida que deseas con Dios si fallas en encontrarte con Él regularmente en su Palabra. Si tú eres un cristiano nuevo, el libro de Juan es un buen lugar para empezar porque resalta a la luz quién es Jesús.

¡Estudiar la Biblia es divertido! Hará tu vida en Cristo mucho más profunda e infinitamente más viva. Es un salvavidas para llegar a Dios y también es la Roca que te estabiliza en este mundo peligroso que siempre está cambiando (Isaías 26:3-4[39]). La Palabra nos brinda el corazón de Dios, revela su propósito para nosotros y demuestra su dirección cariñosa para nosotros. Nunca te arrepentirás de llegar a conocer a Dios por medio de su Biblia. Él es digno de el tiempo y esfuerzo que tú empeñes en buscarlo y conocerle.

¡Tu vida será literalmente transformada mientras estudias la Palabra de Dios!

CAPÍTULO 5
Versículos de Escrituras

1. **1 Tesalonicenses 2:13:** Por lo tanto, nunca dejamos de darle gracias a Dios de que cuando recibieron su mensaje de parte nuestra, ustedes no consideraron nuestras palabras como solo ideas humanas. Tomaron lo que dijimos como la misma palabra de Dios, la cual, por supuesto, lo es. Y esta palabra sigue actuando en ustedes los que creen.

2. **2 Pedro 1:20-21:** Sobre todo, tienen que entender que ninguna profecía de la Escritura jamás surgió de la comprensión personal de los profetas [21] ni por iniciativa humana. Al contrario, fue el Espíritu Santo quien impulsó a los profetas y ellos hablaron de parte de Dios.

3. **Deuteronomio 7:6:** Tú eres un pueblo santo porque perteneces al Señor tu Dios. De todos los pueblos de la tierra, el Señor tu Dios te eligió a ti para que seas su tesoro especial.

4. **Levítico 26:12:** Caminaré entre ustedes; seré su Dios, y ustedes serán mi pueblo.

5. **Deuteronomio 6:4-9:** "¡Escucha, Israel! El Señor es nuestro Dios, solamente el Señor. [5] Ama al Señor tu Dios con todo tu corazón, con toda tu alma y con todas tus fuerzas. [6] Debes comprometerte con todo tu ser a cumplir cada uno de estos mandatos que hoy te entrego. [7] Repíteselos a tus hijos una y otra vez. Habla de ellos en tus conversaciones cuando estés en tu casa y cuando vayas por el camino, cuando te acuestes y cuando te levantes. [8] Átalos a tus manos y llévalos sobre la frente como un recordatorio. [9] Escríbelos en los marcos de la entrada de tu casa y sobre las puertas de la ciudad".

6. **2 Corintios 3:6:** Él nos capacitó para que seamos ministros de su nuevo pacto. Este no es un pacto de leyes escritas, sino del Espíritu.

El antiguo pacto escrito termina en muerte; pero, de acuerdo con el nuevo pacto, el Espíritu da vida.

7. **Hebreos 10:16:** "Este es el nuevo pacto que haré con mi pueblo en aquel día, dice el Señor: Pondré mis leyes en su corazón y las escribiré en su mente".

8. **Hebreos 4:12:** Pues la palabra de Dios es viva y poderosa. Es más cortante que cualquier espada de dos filos; penetra entre el alma y el espíritu, entre la articulación y la médula del hueso. Deja al descubierto nuestros pensamientos y deseos más íntimos.

9. **Marcos 13:31:** El cielo y la tierra desaparecerán, pero mis palabras no desaparecerán jamás.

10. **1 Pedro 1:25:** "Pero la palabra del Señor permanece para siempre". Y esta palabra es el mensaje de la Buena Noticia que se les ha predicado.

11. **1 Corintios 2:10-16:** Pero fue a nosotros a quienes Dios reveló esas cosas por medio de su Espíritu. Pues su Espíritu investiga todo a fondo y nos muestra los secretos profundos de Dios. [11] Nadie puede conocer los pensamientos de una persona excepto el propio espíritu de esa persona y nadie puede conocer los pensamientos de Dios excepto el propio Espíritu de Dios. [12] Y nosotros hemos recibido el Espíritu de Dios (no el espíritu del mundo), de manera que podemos conocer las cosas maravillosas que Dios nos ha regalado. [13] Les decimos estas cosas sin emplear palabras que provienen de la sabiduría humana. En cambio, hablamos con palabras que el Espíritu nos da, usando las palabras del Espíritu para explicar las verdades espirituales; [14] pero los que no son espirituales no pueden recibir esas verdades de parte del Espíritu de Dios. Todo les suena ridículo y no pueden entenderlo, porque solo los que son espirituales pueden entender lo que el Espíritu quiere decir. [15] Los que son espirituales pueden evaluar todas las cosas, pero ellos mismos no pueden ser evaluados por otros. [16] Pues, "¿Quién puede conocer los pensamientos del Señor?

¿Quién sabe lo suficiente para enseñarle a él?". Pero nosotros entendemos estas cosas porque tenemos la mente de Cristo.

12. **Salmo 19:7-9:** Las enseñanzas del Señor son perfectas, reavivan el alma. Los decretos del Señor son confiables, hacen sabio al sencillo. [8] Los mandamientos del Señor son rectos; traen alegría al corazón. Los mandatos del Señor son claros; dan buena percepción para vivir. [9] La reverencia al Señor es pura, permanece para siempre. Las leyes del Señor son verdaderas, cada una de ellas es imparcial.

13. **Jeremías 17:9:** "El corazón humano es lo más engañoso que hay, y extremadamente perverso. ¿Quién realmente sabe qué tan malo es?"

14. **Jeremías 23:29:** "¿No quema mi palabra como el fuego?", dice el Señor. "¿No es como un martillo poderoso que hace pedazos una roca?"

15. **Efesios 5:25-26:** Para los maridos, eso significa: ame cada uno a su esposa tal como Cristo amó a la iglesia. Él entregó su vida por ella [26] a fin de hacerla santa y limpia al lavarla mediante la purificación de la palabra de Dios.

16. **1 Timoteo 1:5:** El propósito de mi instrucción es que todos los creyentes sean llenos del amor que brota de un corazón puro, de una conciencia limpia y de una fe sincera.

17. **Juan 17:17:** Hazlos santos con tu verdad; enséñales tu palabra, la cual es verdad.

18. **Juan 6:63:** Solo el Espíritu da vida eterna; los esfuerzos humanos no logran nada. Las palabras que yo les he hablado son espíritu y son vida.

19. **1 Pedro 1:23:** Pues han nacido de nuevo pero no a una vida que pronto se acabará. Su nueva vida durará para siempre porque proviene de la eterna y viviente palabra de Dios.

20. **2 Timoteo 3:16-17:** Toda la Escritura es inspirada por Dios y es útil para enseñarnos lo que es verdad y para hacernos ver lo que está mal en nuestra vida. Nos corrige cuando estamos equivocados y nos enseña a hacer lo correcto. [17] Dios la usa para preparar y capacitar a su pueblo para que haga toda buena obra.

21. **Romanos 12:2:** No imiten las conductas ni las costumbres de este mundo, más bien dejen que Dios los transforme en personas nuevas al cambiarles la manera de pensar. Entonces aprenderán a conocer la voluntad de Dios para ustedes, la cual es buena, agradable y perfecta.

22. **Efesios 6:17:** Pónganse la salvación como casco y tomen la espada del Espíritu, la cual es la palabra de Dios.

23. **Juan 1:1:** En el principio la Palabra ya existía. La Palabra estaba con Dios, y la Palabra era Dios.

24. **Apocalipsis 19:13:** Llevaba puesta una túnica bañada de sangre, y su título era "la Palabra de Dios".

25. **1 Juan 1:1:** Les anunciamos al que existe desde el principio, a quien hemos visto y oído. Lo vimos con nuestros propios ojos y lo tocamos con nuestras propias manos. Él es la Palabra de vida.

26. **Salmo 119:105:** Tu palabra es una lámpara que guía mis pies y una luz para mi camino.

27. **Salmo 119:29:** Líbrame de mentirme a mí mismo; dame el privilegio de conocer tus enseñanzas.

28. **Santiago 1:21:** Así que quiten de su vida todo lo malo y lo sucio, y acepten con humildad la palabra que Dios les ha sembrado en el corazón, porque tiene el poder para salvar su alma.

29. **Salmo 119:11:** He guardado tu palabra en mi corazón, para no pecar contra ti.

30. **Salmo 119:9:** ¿Cómo puede un joven mantenerse puro? Obedeciendo tu palabra.

31. **1 Juan 2:14:** Les he escrito a ustedes, que son hijos de Dios, porque conocen al Padre. Les he escrito a ustedes, los que son maduros en la fe, porque conocen a Cristo, quien existe desde el principio. Les he escrito a ustedes, los que son jóvenes en la fe, porque son fuertes; la palabra de Dios vive en sus corazones, y han ganado la batalla contra el maligno.

32. **Santiago 1:22-25:** No solo escuchen la palabra de Dios; tienen que ponerla en práctica. De lo contrario, solamente se engañan a sí mismos. 23 Pues, si escuchas la palabra pero no la obedeces, sería como ver tu cara en un espejo; 24 te ves a ti mismo, luego te alejas y te olvidas cómo eres. 25 Pero si miras atentamente en la ley perfecta que te hace libre y la pones en práctica y no olvidas lo que escuchaste, entonces Dios te bendecirá por tu obediencia.

33. **1 Pedro 2:8:** Además, "Él es la piedra que hace tropezar a muchos, la roca que los hace caer". Tropiezan porque no obedecen la palabra de Dios y por eso se enfrentan con el destino que les fue preparado.

34. **Juan 14:15:** Si me aman, obedezcan mis mandamientos.

35. **Juan 14:21:** Los que aceptan mis mandamientos y los obedecen son los que me aman. Y, porque me aman a mí, mi Padre los amará a ellos. Y yo los amaré y me daré a conocer a cada uno de ellos.

36. **1 Juan 2:5:** Pero los que obedecen la palabra de Dios demuestran verdaderamente cuánto lo aman. Así es como sabemos que vivimos en él.

37. **Apocalipsis 1:3:** Dios bendice al que lee a la iglesia las palabras de esta profecía y bendice a todos los que escuchan el mensaje y obedecen lo que dice, porque el tiempo está cerca.

38. **Apocalipsis 22:7:** "Miren, ¡yo vengo pronto! Benditos son los que obedecen las palabras de la profecía que están escritas en este libro".

39. **Isaías 26:3-4:** ¡Tú guardarás en perfecta paz a todos los que confían en ti; a todos los que concentran en ti sus pensamientos! [4] Confíen siempre en el Señor, porque el Señor Dios es la Roca eterna.

CAPÍTULO SEIS
¿QUIÉN ES DIOS?

En este capítulo, vamos a aprender de Dios, el Padre, la primera persona de la Trinidad. Trinidad significa "tres en unidad". Jesús es la segunda persona y el Espíritu Santo es la tercera persona en esta unión maravillosa. Son tres distintas personas iguales en poder y majestad. Todos estuvieron presentes en la creación y mantienen el universo entre ellos. A esto le llamamos la Trinidad. Es un concepto sumamente difícil de comprender, pero también lo es la electricidad. Y todos creemos en la existencia de la electricidad ☺.

Dios el Padre posee muchos aspectos de su personalidad. Por ejemplo: así como un hombre puede ser un esposo, un padre, un empleado y un hijo, los nombres de Dios reflejan sus diferentes papeles. Se le llama Señor, lo cual significa "Maestro" o "Amo". En hebreo, también se le llama *Jehovah Jireh*, lo cual significa "Dios proveerá". También se le llama *El Shaddai*, lo cual significa "Dios Todopoderoso". Otro de sus nombres es *Adonai*, que quiere decir "El Señor Supremo".

En El Principio
El principio de la Biblia dice que Dios es el Creador del universo (Génesis 1:1[1]; Salmo 24:1-2[2]). Él también es el Creador de la raza humana (Génesis 2:4-7[3]; Salmo 139: 13-16[4]). Puede ser que estemos de acuerdo con esto diciendo "¡claro que Dios creó todo!", pero por lo que nos enseñan en la escuela acerca de que somos el resultado de una 'gran

explosión cósmica', o que somos descendientes de los monos y que solo los más fuertes sobreviven, tenemos una mezcla de creencias acerca de lo que hemos oído y aprendido sobre la creación de Dios.

Sin embargo, creer que no fuimos creados únicamente por la mano de Dios puede llevarnos a muchos males psicológicos y espirituales en la vida. Cada teoría, con la excepción de la creación, niega la belleza de Dios estrechando su mano en el tiempo para personalmente formar la humanidad.

Una de las formas de pensar más dañinas que podemos tener consiste en perder de vista lo precioso que es cada uno de nosotros para Dios. Nuestra misma vida es extremadamente importante porque Dios mismo nos formó cuidadosamente y nos sopló su aliento de vida (Job 10:8a[5]; 33:4[6]).

Lo Humano Vs. Lo Divino

En el primer capítulo de este libro aprendimos que nuestros corazones humanos son engañosos y malvados. Necesitamos a alguien fuera de nosotros; alguien más poderoso, capaz y moral para cambiar nuestra condición pecaminosa. Aunque sí es verdad que una persona puede vivir una vida relativamente 'decente' sin Dios, la realidad es que sin Él en nuestras vidas, somos incapaces de tener un corazón puro con los motivos adecuados. Lo que es más importante: si no estamos en relación con Dios por medio de Jesús, será imposible para nosotros entrar al cielo (Juan 14:6[7]).

Dios es completamente diferente a nosotros. Aunque sí fuimos creados a su imagen, el pecado ha afectado nuestra habilidad de poder reflejar su gloria a este mundo. Por ejemplo: Él detesta el mal que hacemos (Proverbios 6:16-19[8]). Tenemos la tendencia de amar nuestro pecado, nuestros ídolos y nuestro egoísmo. Sin embargo, Dios no tolera el pecado, aunque Él ama a todas las personas. La razón principal por la que detesta el pecado es el amor: porque Él sabe que nuestros pecados nos separan de Él.

Dios ama la justicia y siempre es justo. La gente frecuentemente quiere culparlo por las horribles atrocidades que suceden en el mundo, pero una gran parte de las devastaciones que vemos son un resultado directo de la avaricia del hombre, el odio y el deseo carnal, como también de negarse a someterse y obedecer a Dios. Cuando Dios creó a la humanidad, Él tenía la intención de que viviéramos en un mundo perfecto, el que ahora deseamos tener. Sin embargo, el pecado ha introducido la muerte, la perdición y la destrucción en nuestras vidas. No olvidemos que el enemigo de nuestras almas, Satanás, directamente contribuye a la maldad que vemos.

El Carácter De Dios

El 'carácter' humano es una suma de rasgos, comportamientos aprendidos y afinidades naturales que una persona tiene por nacimiento. Por lo general, nuestro carácter determina nuestras decisiones porque lo que somos es lo que hacemos. No importa lo que digamos: terminamos haciendo lo que nos da la gana. Muchas veces hacemos lo que deseamos sin pensar en los demás.

Por otro lado, Dios tiene un carácter 'absoluto'. Él siempre ha sido el mismo y así será para siempre. Él no cambia por sentimientos, localidad, circunstancias o influencias externas. Él siempre actúa en perfecto amor y perfecta justicia. Ese es su 'carácter'. Así es Él. Sus rasgos de personalidad y sus cualidades son el tema de este capítulo.

La Biblia nos dice que cuando el Espíritu de Dios vive en nosotros después de recibir a Jesús en nuestras vidas, mucho de nuestro carácter es cambiado de una forma sobrenatural (Romanos 12:2[9]). ¡Tener una relación con el Creador todopoderoso debería cambiarte radicalmente! Nos convertimos literalmente en criaturas nuevas en el momento de la salvación (2 Corintios 5:17[10]). Recibimos nuevos corazones, mentes y deseos (Ezequiel 36:26-27[11]; Hebreos 8:10[12]).

Esta escritura en Hebreos se refiere a los judíos. Recuerda que ellos eran el pueblo escogido de Dios en el Antiguo Testamento. Los judíos y gentiles (los no judíos) se consideraban como dos grupos separados porque los judíos fueron apartados del mundo por Dios. Él los escogió para demostrar su gloria y sus caminos a los demás. Ellos eran el único grupo étnico que creía en el único Dios verdadero, contrario a otras culturas idólatras.

Pero desde el Nuevo Testamento, los judíos y los gentiles han sido unidos. Esto ocurrió porque Jesús fue a la cruz por todas las personas para que pudieran escoger ser liberadas de sus pecados. Ahora, si hemos vuelto a nacer, somos "El Pueblo de Dios" y hemos sido apartados para reflejar su gloria al mundo.

Asimismo, aunque yo soy gentil y tengo el maravilloso privilegio de ser hija de Dios, creo que Él siempre tendrá un lugar muy especial en su corazón para el pueblo judío.

Conforme estudiemos esta lección, trata de visualizar lo hermoso, bello, verdadero, fiel y bueno que es nuestro Dios en realidad. ¡También recuerda cuán majestuoso, tenaz, justo y santo es Él! Luego comprométete con todo tu ser a Él y permítele que te cambie para que seas más como Él mismo.

***

Dios el Padre es Espíritu (Juan 4:24[13]). Él no es mortal (Job 9:32[14]), lo cual significa que no es un ser humano y no fue creado. A este estado de ser se le llama preexistente. Es difícil para nosotros entenderlo, pero Dios siempre ha vivido. Él ya vivía cuando empezó el tiempo y vivirá por siempre. Esta cualidad es conocida como inmortalidad. De aquí proviene nuestro deseo de vivir eternamente (Eclesiastés 3:11[15]). Lo que es tan asombroso es que Jesús también es preexistente e inmortal (Juan 1:1[16]), pues Él mismo es Dios encarnado.

Dios es un Dios celoso (Éxodo 20:5a[17]). Sin embargo, su celo no es como el celo humano; es el tipo de celo amoroso y cuidadoso que un esposo tiene por su esposa, nacido de un amor saludable para asegurar su protección. Él guarda esa unión que tiene con ella para que el mundo no interfiera entre ellos. Dios usa esta analogía con frecuencia, llamándole a su pueblo "Esposa Prometida" como lo haría un esposo cariñoso y cuidadoso. También a Él le llamamos nuestro refugio y nuestra fortaleza (Salmo 46:1[18]). Solamente hay un verdadero Dios (2 Samuel 7:22[19]). La palabra "soberano" en esta escritura significa "en control absoluto, supremo, autogobernante". Únicamente Él es el rey del universo (Isaías 43:10[20]; 44:6-8[21]). Él es un Dios sobrenatural y hace milagros asombrosos (Salmo 77:14[22]). Nada es demasiado grande o difícil para que Dios lo haga, y aunque Él cambia los planes absurdos del hombre a veces, Él no cambiará nuestra decisión humana si nos negamos a amarlo y obedecerle. El amor genuino siempre nos da la libertad de escoger.

Dios es llamado nuestra Roca porque Él es completamente estable en todos sus caminos (Salmo 18:1-3[23]; Salmo 18:30-33[24]). Él es el escudo y defensor de aquellos que lo aman, confían en Él y le obedecen. Él es el único verdadero Salvador, y como tal, es el único que nos puede ofrecer la salvación auténtica (Isaías 45:21-22[25]).

Él Es Un Dios Personal

Cuando oramos a Dios, Él nos oye y contesta nuestras peticiones. De hecho, la Biblia dice: "Él inclina su oído hacia nosotros" (Salmo 116:2[26]). Claro, Él es el Espíritu y no se inclina literalmente, pero es una imagen para que podamos visualizar lo tierno y atento que es realmente nuestro Dios.

Cuando oramos, debemos estar conscientes de que el resultado de nuestras oraciones muchas veces será completamente diferente a lo que esperábamos. Aunque deberíamos orar por todo, debemos esperar que las respuestas de Dios vayan completamente de acuerdo con su voluntad (1 Juan 5:14[27]). Aun Jesús fue sujeto a un sufrimiento intenso, así que nosotros no deberíamos esperar menos en ciertas épocas de nuestras vidas (Mateo 26:39[28]).

Una persona sabia sabe que Dios siempre responde a nuestras peticiones de la manera más beneficiosa. En su sabiduría, solamente Él sabe que necesitamos dificultades o sufrimientos para acercarnos a Él o para remover impurezas en nuestras vidas. No te sorprendas cuando tus oraciones tengan respuestas extraordinarias, ¡pues Él es un Dios poderoso, emocionante y eterno (Deuteronomio 10:21[29])!

Dios ES amor (1 Juan 4:8[30]). Él no solo nos ama. La base de su naturaleza es amor, así que Él no puede hacer otra cosa más que amarnos. Pero este no es el amor que conocemos: cargado de emociones, condicional y siempre cambiando. El amor de Dios es constante y siempre tiene nuestros mejores intereses en su corazón. Este tipo de amor único se llama "amor ágape" y se explica en 1 Corintios 13:4-7[31].

Puede ser que hayas escuchado de esta escritura antes, pero pregúntate a ti mismo con cuánta frecuencia demuestras estas características. Personalmente, ¡me cuesta mucho trabajo demostrar de manera constante tan solo una de estas manifestaciones de amor! Este es el tipo de amor que Dios quiere que tengamos por Él y los demás, pero es humanamente imposible sin su Espíritu obrando dentro de nosotros.

Otra característica de Dios es la justicia. Esta es una parte de Dios que tal vez no nos guste, o que quizá no entendamos, pero como es un Dios santo, Él debe ser justo. Así como no esperaríamos que un buen padre amoroso nunca dijera "no" y que no disciplinara a su hijo, Dios nos ama incondicionalmente, pero Él también debe castigar la desobediencia. Por eso vemos consecuencias desastrosas en la Biblia para aquellos que no le obedecen (Salmo 31:23[32]; 145:20[33]).

La Biblia dice que Dios es el único en el universo que lo sabe todo, y por lo tanto, se le conoce como omnisciente. Como omnisciente, él ve todo al mismo tiempo y al instante.

Sin embargo, Él no está en todo, como dicen algunas religiones. Él, por medio de su Espíritu Santo, solo viene a vivir dentro de aquellos que le han permitido a Cristo Jesús ser el redentor de sus vidas. Él solo habita en los corazones de aquellos que lo aman. Además, Dios es todopoderoso, así que Él verdaderamente puede hacer todo lo que Él quiera.

Esto consuela a los creyentes porque sabemos que Él está a cargo del mundo, incluso cuando parece estar fuera de control (Salmo 22:28[34]). Nuestra gran esperanza es la certeza de que Dios algún día reinará en completa verdad y bondad para toda la eternidad. Por ahora, sin embargo, Satanás es el dios de este mundo y sentiremos su maldad hasta que sea destruido.

Dios Es Magnífico

Los caminos y pensamientos de Dios son muy diferentes de los nuestros (Isaías 55:8-9[35]). Es importante entender esto porque muchas veces queremos que Él 'quepa dentro de nuestro molde', cuando lo que en realidad debemos hacer nosotros es 'caber dentro de su molde'. La gente quiere vivir sus vidas en sus propios términos y muchas veces solo quieren 'añadir' a Dios a sus vidas.

Por ejemplo, hay personas que dicen ser cristianos solamente porque se quieren sentir conformes de 'estar bien con Dios', pero no han entregado verdaderamente su voluntad y su vida a Él. Esta es una posición muy peligrosa. Él es firme en que tú estás con Él o en su contra. Dios es claro en su Palabra: Debemos amarle, servirle y obedecerle con todo nuestro ser (Deuteronomio 7:9[36]; 12[37]; 10:12-13[38]; 11:1[39]; 22[40]).

¡Dios merece nuestra adoración! Él está lleno de gracia, compasión y misericordia. A Él le encanta perdonarnos cuando nos arrepentimos genuinamente y sentimos remordimiento (Salmo 25:4-15[41]; 116:5[42]; Jonás 4:2b[43]). Él siempre nos amará, sin importar lo que hayamos hecho. Sin embargo, no podemos decir que estamos en armonía con Dios si no buscamos hacer su voluntad por encima de la nuestra, viviendo conforme a sus mandatos (1 Juan 1:6[44]). Los errores son algo seguro, pero nuestro estilo de vida debe reflejar nuestra relación con Él.

¡A Dios le da gran placer recibirte en su familia! ¡Él se apasiona al guiarte, enseñarte y darte poder (Efesios 1:5[45])! Si tú no sabes cómo someter tu vida a Dios, pídeselo y Él te lo enseñará. Él promete darte el poder para obedecerle (Filipenses 2:13[46]). Tú puedes aprender lo que Él quiere de ti y lo que te ofrece cuando lees la Biblia, cuando hablas con Él en oración y cuando estás involucrado en una iglesia enfocada en Cristo.

¡Dios quiere tener una relación íntima contigo!

CAPÍTULO 6
Versículos de Escrituras

1. **Génesis 1:1:** En el principio, Dios creó los cielos y la tierra.

2. **Salmo 24:1-2:** La tierra es del Señor y todo lo que hay en ella; el mundo y todos sus habitantes le pertenecen. 2 Pues él echó los cimientos de la tierra sobre los mares y los estableció sobre las profundidades de los océanos.

3. **Génesis 2:4-7:** Este es el relato de la creación de los cielos y la tierra. Cuando el Señor Dios hizo la tierra y los cielos, 5 no crecían en ella plantas salvajes ni grano porque el Señor Dios aún no había enviado lluvia para regar la tierra, ni había personas que la cultivaran. 6 En cambio, del suelo brotaban manantiales que regaban toda la tierra. 7 Luego el Señor Dios formó al hombre del polvo de la tierra. Sopló aliento de vida en la nariz del hombre, y el hombre se convirtió en un ser viviente.

4. **Salmo 139:13-16:** Tú creaste las delicadas partes internas de mi cuerpo y me entretejiste en el vientre de mi madre. 14 ¡Gracias por hacerme tan maravillosamente complejo! Tu fino trabajo es maravilloso, lo sé muy bien. 15 Tú me observabas mientras iba cobrando forma en secreto, mientras se entretejían mis partes en la oscuridad de la matriz. 16 Me viste antes de que naciera. Cada día de mi vida estaba registrado en tu libro. Cada momento fue diseñado antes de que un solo día pasara.

5. **Job 10:8a:** Tú me formaste con tus manos; tú me hiciste...

6. **Job 33:4:** El Espíritu de Dios me ha creado, y el aliento del Todopoderoso me da vida.

7. **Juan 14:6:** Jesús le contestó: "Yo soy el camino, la verdad y la vida; nadie puede ir al Padre si no es por medio de mí."

8. **Proverbios 6:16-19:** Hay seis cosas que el Señor odia, no, son siete las que detesta: 17 los ojos arrogantes, la lengua mentirosa, las

manos que matan al inocente, [18] el corazón que trama el mal, los pies que corren a hacer lo malo, [19] el testigo falso que respira mentiras y el que siembra discordia en una familia.

9. **Romanos 12:2:** No imiten las conductas ni las costumbres de este mundo, más bien dejen que Dios los transforme en personas nuevas al cambiarles la manera de pensar. Entonces aprenderán a conocer la voluntad de Dios para ustedes, la cual es buena, agradable y perfecta.

10. **2 Corintios 5:17:** Esto significa que todo el que pertenece a Cristo se ha convertido en una persona nueva. La vida antigua ha pasado; ¡una nueva vida ha comenzado!

11. **Ezequiel 36:26-27:** Les daré un corazón nuevo y pondré un espíritu nuevo dentro de ustedes. Les quitaré ese terco corazón de piedra y les daré un corazón tierno y receptivo. [27] Pondré mi Espíritu en ustedes para que sigan mis decretos y se aseguren de obedecer mis ordenanzas.

12. **Hebreos 8:10:** Pero este es el nuevo pacto que haré con el pueblo de Israel en ese día, dice el Señor: Pondré mis leyes en su mente y las escribiré en su corazón. Yo seré su Dios, y ellos serán mi pueblo.

13. **Juan 4:24:** Pues Dios es Espíritu, por eso todos los que lo adoran deben hacerlo en espíritu y en verdad.

14. **Job 9:32:** Dios no es un mortal como yo, por eso no puedo discutir con él ni llevarlo a juicio.

15. **Eclesiastés 3:11:** Sin embargo, Dios lo hizo todo hermoso para el momento apropiado. Él sembró la eternidad en el corazón humano, pero aun así el ser humano no puede comprender todo el alcance de lo que Dios ha hecho desde el principio hasta el fin.

16. **Juan 1:1:** En el principio la Palabra ya existía. La Palabra estaba con Dios, y la Palabra era Dios.

17. **Éxodo 20:5a:** No te inclines ante ellos ni les rindas culto, porque yo, el Señor tu Dios, soy Dios celoso, quien no tolerará que entregues tu corazón a otros dioses...

18. **Salmo 46:1:** Dios es nuestro refugio y nuestra fuerza; siempre está dispuesto a ayudar en tiempos de dificultad.

19. **2 Samuel 7:22:** "¡Qué grande eres, oh Señor Soberano! No hay nadie como tú. ¡Nunca hemos oído de otro Dios como tú!"

20. **Isaías 43:10:** "Pero tú eres mi testigo, oh Israel", dice el Señor, "tú eres mi siervo. Tú has sido escogido para conocerme, para creer en mí y comprender que solo yo soy Dios. No hay otro Dios; nunca lo hubo y nunca lo habrá".

21. **Isaías 44:6-8:** Esto dice el Señor, el Rey y Redentor de Israel, el Señor de los Ejércitos Celestiales: "Yo soy el Primero y el Último; no hay otro Dios. 7 ¿Quién es como yo? Que se presente y les demuestre su poder; que haga lo que yo he hecho desde tiempos antiguos cuando establecí a un pueblo y expliqué su futuro. 8 No tiemblen; no tengan miedo. ¿Acaso no proclamé mis propósitos para ustedes hace mucho tiempo? Ustedes son mis testigos, ¿hay algún otro Dios? ¡No! No hay otra Roca, ni una sola".

22. **Salmo 77:14:** ¡Eres el Dios de grandes maravillas! Demuestras tu asombroso poder entre las naciones.

23. **Salmo 18:1-3:** Te amo, Señor; tú eres mi fuerza. 2 El Señor es mi roca, mi fortaleza y mi salvador; mi Dios es mi roca, en quien encuentro protección. Él es mi escudo, el poder que me salva y mi lugar seguro. 3 Clamé al Señor, quien es digno de alabanza, y me salvó de mis enemigos.

24. **Salmo 18:30-33:** El camino de Dios es perfecto. Todas las promesas del Señor demuestran ser verdaderas. Él es escudo para todos los que buscan su protección. 31 Pues ¿quién es Dios aparte del Señor? ¿Quién más que nuestro Dios es una roca sólida? 32 Dios me arma de fuerza y hace perfecto mi camino. 33 Me hace andar tan

seguro como un ciervo, para que pueda pararme en las alturas de las montañas.

25. **Isaías 45:21-22:** Consulten entre ustedes, defiendan su causa; reúnanse y resuelvan qué decir. ¿Quién dio a conocer estas cosas desde hace mucho? ¿Cuál de los ídolos alguna vez les dijo que iban a suceder? ¿Acaso no fui yo, el Señor? Pues no hay otro Dios aparte de mí, un Dios justo y Salvador; fuera de mí no hay otro. 22 ¡Que todo el mundo me busque para la salvación!, porque yo soy Dios; no hay otro.

26. **Salmo 116:1-2:** Amo al Señor porque escucha mi voz y mi oración que pide misericordia. 2 Debido a que él se inclina para escuchar, ¡oraré mientras tenga aliento!

27. **1 Juan 5:14:** Y estamos seguros de que él nos oye cada vez que le pedimos algo que le agrada.

28. **Mateo 26:39:** Él se adelantó un poco más y se inclinó rostro en tierra mientras oraba: "¡Padre mío! Si es posible, que pase de mí esta copa de sufrimiento. Sin embargo, quiero que se haga tu voluntad, no la mía".

29. **Deuteronomio 10:21:** Solamente él es tu Dios, el único digno de tu alabanza, el que ha hecho los milagros poderosos que viste con tus propios ojos.

30. **1 Juan 4:8:** Pero el que no ama no conoce a Dios, porque Dios es amor.

31. **1 Corintios 13:4-7:** El amor es paciente y bondadoso. El amor no es celoso ni fanfarrón ni orgulloso[5] ni ofensivo. No exige que las cosas se hagan a su manera. No se irrita ni lleva un registro de las ofensas recibidas. 6 No se alegra de la injusticia sino que se alegra cuando la verdad triunfa. 7 El amor nunca se da por vencido, jamás pierde la fe, siempre tiene esperanzas y se mantiene firme en toda circunstancia.

32. **Salmo 31:23:** ¡Amen al Señor todos los justos! Pues el Señor protege a los que le son leales, pero castiga severamente a los arrogantes.

33. **Salmo 145:20:** El Señor protege a todos los que lo aman, pero destruye a los perversos.

34. **Salmo 22:28:** Pues el poder de la realeza pertenece al Señor; él gobierna a todas las naciones.

35. **Isaías 55:8-9:** "Mis pensamientos no se parecen en nada a sus pensamientos", dice el Señor. "Y mis caminos están muy por encima de lo que pudieran imaginarse. 9 Pues así como los cielos están más altos que la tierra, así mis caminos están más altos que sus caminos y mis pensamientos, más altos que sus pensamientos".

36. **Deuteronomio 7:9:** Reconoce, por lo tanto, que el Señor tu Dios es verdaderamente Dios. Él es Dios fiel, quien cumple su pacto por mil generaciones y derrama su amor inagotable sobre quienes lo aman y obedecen sus mandatos.

37. **Deuteronomio 7:12:** Si prestas atención a estas ordenanzas y las obedeces con fidelidad, el Señor tu Dios cumplirá su pacto de amor inagotable contigo, tal como lo prometió mediante el juramento que les hizo a tus antepasados.

38. **Deuteronomio 10:12-13:** Y ahora, Israel, ¿qué requiere el Señor tu Dios de ti? Solo requiere que temas al Señor tu Dios, que vivas de la manera que le agrada y que lo ames y lo sirvas con todo tu corazón y con toda tu alma. 13 Debes obedecer siempre los mandatos y los decretos del Señor que te entrego hoy para tu propio bien.

39. **Deuteronomio 11:1:** Ama al Señor tu Dios y obedece siempre sus requisitos, decretos, ordenanzas y mandatos.

40. **Deuteronomio 11:22:** Asegúrate de obedecer todos los mandatos que te entrego. Demuéstrale amor al Señor tu Dios andando en sus caminos y aferrándote a él.

41. **Salmo 25:4-15:** Muéstrame la senda correcta, oh Señor; señálame el camino que debo seguir. ⁵ Guíame con tu verdad y enséñame, porque tú eres el Dios que me salva. Todo el día pongo en ti mi esperanza. ⁶ Recuerda, oh Señor, tu compasión y tu amor inagotable, que has mostrado desde hace siglos. ⁷ No te acuerdes de los pecados de rebeldía durante mi juventud. Acuérdate de mí a la luz de tu amor inagotable, porque tú eres misericordioso, oh Señor. ⁸ El Señor es bueno y hace lo correcto; les muestra el buen camino a los que andan descarriados. ⁹ Guía a los humildes para que hagan lo correcto; les enseña su camino. ¹⁰ El Señor guía con fidelidad y amor inagotable a todos los que obedecen su pacto y cumplen sus exigencias. ¹¹ Por el honor de tu nombre, oh Señor, perdona mis pecados, que son muchos. ¹² ¿Quiénes son los que temen al Señor? Él les mostrará el sendero que deben elegir. ¹³ Vivirán en prosperidad, y sus hijos heredarán la tierra. ¹⁴ El Señor es amigo de los que le temen; a ellos les enseña su pacto. ¹⁵ Mis ojos están siempre puestos en el Señor, porque él me rescata de las trampas de mis enemigos.

42. **Salmo 116:5:** ¡Qué bondadoso es el Señor! ¡Qué bueno es él! ¡Tan misericordioso, este Dios nuestro!

43. **Jonás 4:2b:** Sabía que tú eres un Dios misericordioso y compasivo, lento para enojarte y lleno de amor inagotable. Estás dispuesto a perdonar y no destruir a la gente.

44. **1 Juan 1:6:** Por lo tanto, mentimos si afirmamos que tenemos comunión con Dios pero seguimos viviendo en oscuridad espiritual; no estamos practicando la verdad.

45. **Efesios 1:5:** Dios decidió de antemano adoptarnos como miembros de su familia al acercarnos a sí mismo por medio de Jesucristo. Eso es precisamente lo que él quería hacer, y le dio gran gusto hacerlo.

46. **Filipenses 2:13:** Pues Dios trabaja en ustedes y les da el deseo y el poder para que hagan lo que a él le agrada.

CAPÍTULO SIETE
¿QUIÉN ES JESÚS?

El nombre Jesús literalmente significa "Salvador". Jesús es su nombre griego, pero es de origen hebreo, derivado del nombre *Yehoshua*, o Josué, que significa "Jehová Salva". Jesús vino del cielo, se hizo humano y vivió entre la humanidad. Su propósito era reunir o restaurar a las personas en una relación con Dios porque habían estado separados de Él por el pecado (Juan 3:16-17[1]).

Otra palabra de raíz hebrea para Jesús es *yasha*, que significa "salvar", "liberar", "defender", "entregar", "preservar" o "lograr victoria". La salvación es algo gratuito que debemos escoger recibir de Dios para poder ser salvados de nuestros pecados. Está disponible para todos en el mundo. Sin embargo, Jesús es un Salvador personal, lo que significa que se debe establecer una relación con Él por medio de nuestra decisión consciente. Solo quienes confían en Él y lo aman serán rescatados del pecado y del infierno, y se les dará vida eterna. ¡Aquellos que han entrado en esta unión con Jesús se darán cuenta de que Él verdaderamente nos salva, nos libera, nos defiende, nos entrega, nos preserva y nos da la victoria!

Jesús también es llamado Cristo, lo cual significa "escogido" o "ungido". Este es el equivalente al nombre hebreo Mesías. A Jesús también se le llama Señor. Este nombre con mayúscula en el Antiguo Testamento también se traduce a *Jehovah*, el cual es el nombre de Dios. Significa "eterno" o "autoexistente", indicando que Él no fue creado.

Cuando a Jesús le llaman Señor en el Nuevo Testamento, la palabra es *kurios*, lo que significa "Dios Supremo", "Maestro" o "Señor". Los nombres son extremadamente importantes en la Biblia, así que el hecho de que Dios y Jesús tengan el mismo nombre es muy significativo. Estos nombres compartidos son una indicación clara de que Jesús y Dios son iguales: los dos son Dios.

Esto saca un punto muy importante a la luz. En la cultura y religión judía, Jehová (Padre) Dios era tan santo, tan apartado de la humanidad por su gran poder y autoridad, que los judíos hasta temían hablar directamente con Él (Éxodo 20:18-19[2]). De hecho, con el tiempo desarrollaron una tradición en la cual no decían ni su nombre. Ellos deletreaban el nombre de Jehová como "JHWH" porque sentían que era una falta de respeto usar su nombre completo. Esto no se ordena en las Escrituras, pero demuestra el asombro que sentían por Dios.

Además, los israelitas creían que las palabras asociadas con Dios, especialmente sus nombres, no debían usarse para ninguna otra persona, cosa o propósito <u>excepto para Dios.</u> Por ejemplo: cuando se refieren a Él como "Dios Todopoderoso", los judíos dejan de decirle "todopoderoso" a cualquier cosa. Por lo tanto... llamar a Jesús con el mismo nombre de Dios Todopoderoso era una blasfemia en sus mentes. Blasfemia es un término bíblico que significa "difamar o despreciar verbalmente" a Dios. ¡Hablar mal de Dios o detestarlo era impensable y se castigaba con pena de **muerte** (Levítico 24:13-16[3])!

Jesús Es Dios

La Santa Biblia nos enseña que Jesús es Dios en la carne (Juan 1:1[4]). En esta Escritura, Jesús es "el Verbo", lo cual se entendía como "El Agente de la Creación". También el Verbo se describía como "El Arquitecto de la Creación". Por supuesto que solo Dios puede crear y sostener la vida. Esta verdad de Jesús se repite en 1 de Juan 1:1[5], donde le llaman "El Verbo de la Vida". De hecho, Jesús mismo nos dice que Él es capaz de dar vida eterna y que Él y el Padre son uno (Juan 10:28-30[6]).

Esta es la verdad fundamental (esencial o básica) que separa al cristianismo de todas las demás religiones. La mayoría de las otras religiones por el mundo creen que Jesús fue un 'buen hombre' o un 'profeta', pero si investigas más a fondo, notarás que niegan a Jesús como el Creador y el camino a la vida eterna.

Incluso hay algunas religiones que 'claman' ser cristianas, pero al final, ¿será que creen en la deidad (la Trinidad) de Jesucristo? Debes tratar esta verdad antes de ser un verdadero cristiano, pues es la verdad fundamental absoluta del cristianismo basada en Juan 1:18[7].

Recuerda lo que aprendimos en nuestros estudios previos "El Pecado" y "El Arrepentimiento" acerca de que solo Dios pudo haber manejado su propia ira sobre el pecado. Un ser humano sin naturaleza divina se hubiera destruido. Cuando Jesús fue a la cruz, ¡Él soportó toda la ira de Dios por los pecados del mundo!

Además, en el Antiguo Testamento, Dios requería un cordero perfecto o un toro para el sacrificio de sangre por los pecados de la gente. Por eso, Jesús, como nuestro sacrificio de sangre, estaba obligado a ser perfecto. Entonces si Él hubiera tenido algún pecado en su vida, hubiera sido descalificado. Él hubiera sido imperfecto como para poder ser el pago de sacrificio por nuestro pecado. Por lo tanto, Dios mismo, el único perfecto que era Jesús, vino en la carne a destruir la barrera del pecado que lo separaba del hombre (2 Corintios 5:21[8]). No puedo hacer suficiente énfasis en lo esencial que es creer en la naturaleza humana y divina de Jesús.

La Biblia nos dice que Dios nos reveló todo lo que Él estaba haciendo con Jesús (Juan 5:20-23[9]). ¡El hombre solo no podría manejar ese tipo de información! Leemos nuevamente en este pasaje que Jesús es capaz de dar vida (versículo 21), lo cual solo Dios tiene el poder de hacer. Jesús también tiene la autoridad para juzgar y solo Dios es supremo para juzgar al hombre (versículo 22). Además, leemos que a Jesús se le dará el mismo honor que al Padre (versículo 23), lo cual los hace igual en majestad.

Para continuar, otro nombre de Jesús es Emmanuel, que significa "Dios con nosotros". Los judíos nunca le darían este honor a nadie más que a

Dios mismo. Los religiosos de ese tiempo se enfurecieron porque Jesús claramente se igualaba con Dios el Padre (Marcos 14:60-65[10]). ¡Lo querían crucificar por blasfemar (Juan 10:31-33[11])!

Piénsalo: si Él hubiera sido un lunático, lo hubieran ignorado, ¡pero ellos estaban aterrorizados por su poder y autoridad! De hecho, la misma frase que usa para describirse en el pasaje que leímos, "Yo soy", testifica su estatus de Dios.

Cuando Jesús dice "Yo soy", Él se está refiriendo al Antiguo Testamento. Dios le dijo a Moisés que les dijera a los israelitas que Yo soy lo había enviado (o sea, que Dios mismo los envió) (Éxodo 3:12-15[12]). La Escritura también dice: "Diles que Yahweh los envía". *Yahweh* se traduce como "El Señor" o "Jehová". ¡Jesús se aplicó este mismo pasaje! Aún más, ¡Jesús fue lo suficientemente audaz para decir que Él existía antes que Abraham, quien vivió 2,000 años antes de que Jesús naciera (Juan 8:58-59[13])!

Jesús usaba constantemente la frase "Yo soy" para describirse: Yo soy el Pan de Vida (Juan 6:35[14]). Yo soy la Luz del Mundo (Juan 8:12[15]). Yo soy la Puerta (Juan 10:7-9[16]). Yo soy el Buen Pastor (Juan 10:11[17]). Yo soy la Vid Verdadera (Juan 15:1[18]). Las palabras "Yo soy", usadas en estos contextos, no son las palabras regulares como "yo soy hombre". Traducidas del hebreo y del griego, estas palabras están cargadas de poder divino. ¡Son tan dinámicas que literalmente causaron que los hombres cayeran al suelo (Juan 18:4-6[19])!

Asombrosamente, había más de 300 profecías de Jesús en el Antiguo Testamento (por ejemplo: Isaías 9:6[20]; 11:1-5[21]; Isaías 53[22]; Miqueas 5:2-4[23]). Puedes ver estas profecías por ti mismo en: http://accordingtothescriptures.org/prophecy/353prophecies.html.

¡No olvides que estas Escrituras fueron escritas de 400 a 2,000 años antes de que Jesús llegara al mundo en la carne! Y como la mayoría de estas profecías ya se cumplieron con 100% de exactitud (algunas aún están por cumplirse en el futuro), sabemos que podemos confiar en la Biblia como la sólida verdad de Dios.

Jesús Es Digno

La Biblia nos dice que "toda la plenitud de la divinidad habita en forma corporal en Cristo" (Colosenses 2:9-10[24]). Piénsalo: ¡Dios, con todo su poder y esplendor, vive en Jesús! Si Jesús no fuera divino, hubiera sido incapaz de soportar toda esa responsabilidad. Esta escritura también dice que siendo Dios, Él está por encima de todo gobierno y autoridad (versículo 10).

Jesús es el Dios viviente y el Salvador (1 Timoteo 4:10[25]; 2 Pedro 1:1-2[26]). Es interesante que tanto Dios Padre como Jesús se describen como Salvador (Isaías 43:11[27]; Tito 2:13-14[28]). Los dos son "La Roca" (1 Samuel 2:2[29]; 1 Pedro 2:5-8[30]). Este versículo en 1 de Pedro hace referencia a Isaías 8:14[31], cuando habla de Dios el Padre, ¡pero Pablo se refiere a Cristo como la Roca del Antiguo Testamento en 1 Corintios 10:3-4[32]!

Vemos la belleza y magnificencia de Jesucristo como el supremo Dios en Colosenses 1:15-20[33]. Jesús es el Rey de reyes y Señor de señores (1 Timoteo 6:15[34]). De hecho, Dios Padre literalmente se refiere a su Hijo Jesús como Dios (Hebreos 1:6-12[35]). La Biblia nos dice que Jesús siempre es el mismo y vivirá por siempre, afirmando que Él es eterno y no fue un ser creado. Él vino directamente del cielo (1 Corintios 15:47[36]).

Jesús es por siempre nuestro gran sacerdote (Hebreos 7:24-28[37]). El alto sacerdote del Antiguo Testamento era un mediador, el que 'intervenía' ante Dios por los hombres. Hoy, Jesús es esa persona. Nuevamente, uno de los misterios y verdades profundas del Evangelio es que Jesús es completamente humano, pero también completamente Dios. Siendo Dios, Él posee poder y autoridad sobre el universo. Como humano, Él es capaz de 'defender nuestro caso' ante Dios (Romanos 8:34[38]).

La escritura anterior en Hebreos 7 también nos dice que Jesús es santo e irreprochable, apartado del pecado. ¡Solo Dios tiene esa pureza! Dios el Padre escogió a Jesús mucho antes de crear a la tierra para que fuera nuestro sacrificio, de manera que pudiéramos recibir vida eterna (1 Pedro 1:18-20[39]). Él es nuestro redentor sin pecado, nuestro sanador y el guardián de nuestras almas (1 Pedro 2:22-25[40]; 1 Juan 3:5[41]). En su perfecta majestad, toda rodilla se doblará ante Él en temor o en amor (Filipenses 2:6-11[42]).

Mientras que Jesús es nuestro Amoroso Salvador, el Cordero Manso y el Servidor que Sufre, al mismo tiempo es el Juez Todopoderoso (2 Corintios 5:10[43]). Él es digno de la eterna alabanza y solo Dios es digno de esta alabanza por siempre (Romanos 9:5b[44]). Jesús también fue el primero en levantarse de los muertos con un cuerpo espiritual glorificado (Revelación 1:5[45]).

Él está muy por encima de cada líder o poder y todas las cosas están bajo su autoridad (Efesios 1:21[46]). Él es el comandante de todos los gobernantes del mundo y Él conquistará toda maldad de una vez por todas en el fin de los tiempos (Apocalipsis 19:11-16[47]). ¡No hay ninguna otra persona, religión o ideología en este mundo que se compare con Él!

Es por esto que Jesús es el único camino al cielo (Juan 14:6-9[48]).

¡Alabado sea el alto y poderoso nombre de Jesús!

CAPÍTULO 7
Versículos de Escrituras

1. **Juan 3:16-17:** "Pues Dios amó tanto al mundo que dio a su único Hijo, para que todo el que crea en él no se pierda, sino que tenga vida eterna. [17] Dios no envió a su Hijo al mundo para condenar al mundo, sino para salvarlo por medio de él".

2. **Éxodo 20:18-19:** Cuando los israelitas oyeron los truenos y el toque fuerte del cuerno de carnero y vieron los destellos de relámpagos y el humo que salía del monte, se mantuvieron a distancia, temblando de miedo. [19] Entonces le dijeron a Moisés: "¡Háblanos tú y te escucharemos, pero que no nos hable Dios directamente, porque moriremos!"

3. **Levítico 24:13-16:** Luego el Señor le dijo a Moisés: [14] "Saca al blasfemo fuera del campamento, y diles a los que escucharon la maldición que pongan las manos sobre la cabeza del blasfemo. Después permite que toda la comunidad lo mate a pedradas. [15] Dile al pueblo de Israel: los que maldigan a su Dios serán castigados por su pecado. [16] Todo el que blasfeme el Nombre del Señor morirá apedreado por toda la comunidad de Israel. Cualquier israelita de nacimiento o extranjero entre ustedes que blasfeme el Nombre del Señor será ejecutado".

4. **Juan 1:1:** En el principio la Palabra ya existía. La Palabra estaba con Dios, y la Palabra era Dios.

5. **1 Juan 1:1:** Les anunciamos al que existe desde el principio, a quien hemos visto y oído. Lo vimos con nuestros propios ojos y lo tocamos con nuestras propias manos. Él es la Palabra de vida.

6. **Juan 10:28-30:** Les doy vida eterna, y nunca perecerán. Nadie puede quitármelas, [29] porque mi Padre me las ha dado, y él es más poderoso que todos. Nadie puede quitarlas de la mano del Padre. [30] El Padre y yo somos uno.

7. **Juan 1:18:** Nadie ha visto jamás a Dios; pero el Único, que es Dios, está íntimamente ligado al Padre. Él nos ha revelado a Dios.

8. **2 Corintios 5:21:** Pues Dios hizo que Cristo, quien nunca pecó, fuera la ofrenda por nuestro pecado, para que nosotros pudiéramos estar en una relación correcta con Dios por medio de Cristo.

9. **Juan 5:20-23:** Pues el Padre ama al Hijo y le muestra todo lo que hace. De hecho, el Padre le mostrará cómo hacer cosas más trascendentes que el sanar a ese hombre. Entonces ustedes quedarán realmente asombrados. 21 Pues, así como el Padre da vida a los que resucita de los muertos, también el Hijo da vida a quien él quiere.22 Además, el Padre no juzga a nadie, sino que le ha dado al Hijo autoridad absoluta para juzgar, 23 a fin de que todos honren al Hijo así como honran al Padre. El que no honra al Hijo ciertamente tampoco honra al Padre que lo envió.

10. **Marcos 14:60-65:** Entonces el sumo sacerdote se puso de pie ante todos y le preguntó a Jesús: "Bien, ¿no vas a responder a estos cargos? ¿Qué tienes que decir a tu favor?". 61 Pero Jesús se mantuvo callado y no contestó. Entonces el sumo sacerdote le preguntó: "¿Eres tú el Mesías, el Hijo del Bendito?". 62 Jesús dijo: "Yo soy. Y ustedes verán al Hijo del Hombre sentado en el lugar de poder, a la derecha de Dios, y viniendo en las nubes del cielo". 63 Entonces el sumo sacerdote se rasgó las vestiduras en señal de horror y dijo: "¿Para qué necesitamos más testigos? 64 Todos han oído la blasfemia que dijo. ¿Cuál es el veredicto?". "¡Culpable!", gritaron todos. "¡Merece morir!". 65 Entonces algunos comenzaron a escupirle, y le vendaron los ojos y le daban puñetazos. "¡Profetízanos!", se burlaban. Y los guardias lo abofeteaban mientras se lo llevaban.

11. **Juan 10:31-33:** Una vez más, la gente tomó piedras para matarlo. 32 Jesús dijo: "Bajo la dirección de mi Padre, he realizado muchas buenas acciones. ¿Por cuál de todas ellas me van a apedrear?". 33 "No te apedreamos por ninguna buena acción, ¡sino

por blasfemia!", contestaron. "Tú, un hombre común y corriente, afirmas ser Dios".

12. **Éxodo 3:12-15:** Dios contestó: "Yo estaré contigo. Y esta es la señal para ti de que yo soy quien te envía: cuando hayas sacado de Egipto al pueblo, adorarán a Dios en este mismo monte". [13] Pero Moisés volvió a protestar: "Si voy a los israelitas y les digo: 'El Dios de sus antepasados me ha enviado a ustedes', ellos me preguntarán: '¿Y cuál es el nombre de ese Dios?'. Entonces, ¿qué les responderé?". Dios le contestó a Moisés: [14] "Yo soy el que soy. Dile esto al pueblo de Israel: 'Yo soy me ha enviado a ustedes'". [15] Dios también le dijo a Moisés: "Así dirás al pueblo de Israel: 'Yahveh, el Dios de sus antepasados, el Dios de Abraham, el Dios de Isaac y el Dios de Jacob, me ha enviado a ustedes. Este es mi nombre eterno, el nombre que deben recordar por todas las generaciones'".

13. **Juan 8:58-59:** Jesús contestó: "Les digo la verdad, ¡aun antes de que Abraham naciera, Yo soy!". [59] En ese momento, tomaron piedras para arrojárselas, pero Jesús desapareció de la vista de ellos y salió del templo.

14. **Juan 6:35:** Jesús les respondió: "Yo soy el pan de vida. El que viene a mí nunca volverá a tener hambre; el que cree en mí no tendrá sed jamás".

15. **Juan 8:12:** Jesús habló una vez más al pueblo y dijo: "Yo soy la luz del mundo. Si ustedes me siguen, no tendrán que andar en la oscuridad porque tendrán la luz que lleva a la vida".

16. **Juan 10:7-9:** Entonces [Jesús] les dio la explicación: "Les digo la verdad, yo soy la puerta de las ovejas. [8] Todos los que vinieron antes que yo eran ladrones y bandidos, pero las verdaderas ovejas no los escucharon. [9] Yo soy la puerta; los que entren a través de mí serán salvos. Entrarán y saldrán libremente y encontrarán buenos pastos."

17. **Juan 10:11:** [Jesús dijo:] Yo soy el buen pastor. El buen pastor da su vida en sacrificio por las ovejas.

18. **Juan 15:1:** [Jesús dijo:] Yo soy la vid verdadera, y mi Padre es el labrador.

19. **Juan 18:4-6:** Jesús ya sabía todo lo que le iba a suceder, así que salió al encuentro de ellos. "¿A quién buscan?", les preguntó. [5] "A Jesús de Nazaret", contestaron. "Yo soy", dijo Jesús. (Judas, el que lo traicionó, estaba con ellos). [6] Cuando Jesús dijo "Yo soy", ¡todos retrocedieron y cayeron al suelo!

20. **Isaías 9:6:** Pues nos ha nacido un niño, un hijo se nos ha dado; el gobierno descansará sobre sus hombros, y será llamado: Consejero Maravilloso, Dios Poderoso, Padre Eterno, Príncipe de Paz.

21. **Isaías 11:1-5:** Del tocón de la familia de David saldrá un brote. Sí, un Retoño nuevo que dará fruto de la raíz vieja. [2] Y el Espíritu del Señor reposará sobre él: el Espíritu de sabiduría y de entendimiento, el Espíritu de consejo y de poder, el Espíritu de conocimiento y de temor del Señor. [3] Él se deleitará en obedecer al Señor; no juzgará por las apariencias ni tomará decisiones basadas en rumores. [4] Hará justicia a los pobres y tomará decisiones imparciales con los que son explotados. La tierra temblará con la fuerza de su palabra, y bastará un soplo de su boca para destruir a los malvados. [5] Llevará la justicia como cinturón y la verdad como ropa interior.

22. **Isaías 53:** ¿Quién ha creído nuestro mensaje? ¿A quién ha revelado el Señor su brazo poderoso? [2] Mi siervo creció en la presencia del Señor como un tierno brote verde; como raíz en tierra seca. No había nada hermoso ni majestuoso en su aspecto, nada que nos atrajera hacia él. [3] Fue despreciado y rechazado: hombre de dolores, conocedor del dolor más profundo. Nosotros le dimos la espalda y desviamos la mirada; fue despreciado, y no nos importó. [4] Sin embargo, fueron nuestras debilidades las que él cargó; fueron nuestros dolores los que lo agobiaron. Y pensamos que sus

dificultades eran un castigo de Dios; ¡un castigo por sus propios pecados! 5 Pero él fue traspasado por nuestras rebeliones y aplastado por nuestros pecados. Fue golpeado para que nosotros estuviéramos en paz; fue azotado para que pudiéramos ser sanados. 6 Todos nosotros nos hemos extraviado como ovejas; hemos dejado los caminos de Dios para seguir los nuestros. Sin embargo, el Señor puso sobre él los pecados de todos nosotros. 7 Fue oprimido y tratado con crueldad, sin embargo, no dijo ni una sola palabra. Como cordero fue llevado al matadero. Y como oveja en silencio ante sus trasquiladores, no abrió su boca. 8 Al ser condenado injustamente, se lo llevaron. A nadie le importó que muriera sin descendientes; ni que le quitaran la vida a mitad de camino. Pero lo hirieron de muerte por la rebelión de mi pueblo. 9 Él no había hecho nada malo, y jamás había engañado a nadie. Pero fue enterrado como un criminal; fue puesto en la tumba de un hombre rico. 10 Formaba parte del buen plan del Señor aplastarlo y causarle dolor. Sin embargo, cuando su vida sea entregada en ofrenda por el pecado, tendrá muchos descendientes. Disfrutará de una larga vida, y en sus manos el buen plan del Señor prosperará. 11 Cuando vea todo lo que se logró mediante su angustia, quedará satisfecho. Y a causa de lo que sufrió, mi siervo justo hará posible que muchos sean contados entre los justos, porque él cargará con todos los pecados de ellos. 12 Yo le rendiré los honores de un soldado victorioso, porque se expuso a la muerte. Fue contado entre los rebeldes. Cargó con los pecados de muchos e intercedió por los transgresores.

23. **Miqueas 5:2-4:** Pero tú, oh Belén Efrata, eres solo una pequeña aldea entre todo el pueblo de Judá. No obstante, en mi nombre, saldrá de ti un gobernante para Israel, cuyos orígenes vienen desde la eternidad. 3 El pueblo de Israel será entregado a sus enemigos hasta que dé a luz la mujer que está de parto. Entonces, por fin, sus compatriotas volverán del destierro a su propia tierra. 4 Y él se levantará para dirigir a su rebaño con la fuerza del Señor y con la

majestad del nombre del Señor su Dios. Entonces su pueblo vivirá allí tranquilo, porque él es exaltado con honores en todas partes.

24. **Colosenses 2:9-10:** Pues en Cristo habita toda la plenitud de Dios en un cuerpo humano. [10] De modo que ustedes también están completos mediante la unión con Cristo, quien es la cabeza de todo gobernante y toda autoridad.

25. **1 Timoteo 4:10:** Es por eso que trabajamos con esmero y seguimos luchando, porque nuestra esperanza está puesta en el Dios viviente, quien es el Salvador de toda la humanidad y, en especial, de todos los creyentes.

26. **2 Pedro 1:1:** Yo, Simón Pedro, esclavo y apóstol de Jesucristo, les escribo esta carta a ustedes, que gozan de la misma preciosa fe que tenemos. Esta fe les fue concedida debido a la justicia e imparcialidad de Jesucristo, nuestro Dios y Salvador.

27. **Isaías 43:11:** Yo, sí, yo soy el Señor, y no hay otro Salvador.

28. **Tito 2:13-14:** Mientras anhelamos con esperanza ese día maravilloso en que se revele la gloria de nuestro gran Dios y Salvador Jesucristo. [14] Él dio su vida para liberarnos de toda clase de pecado, para limpiarnos y para hacernos su pueblo, totalmente comprometidos a hacer buenas acciones.

29. **1 Samuel 2:2:** ¡Nadie es santo como el Señor! Aparte de ti, no hay nadie; no hay Roca como nuestro Dios.

30. **1 Pedro 2:5-8:** Y ustedes son las piedras vivas con las cuales Dios edifica su templo espiritual. Además, son sacerdotes santos. Por la mediación de Jesucristo, ustedes ofrecen sacrificios espirituales que agradan a Dios. [6] Como dicen las Escrituras: "Pongo en Jerusalén una piedra principal, elegida para gran honra, y todo el que confíe en él jamás será avergonzado". [7] Así es, ustedes, los que confían en él, reconocen la honra que Dios le ha dado; pero para aquellos que lo rechazan, "La piedra que los constructores rechazaron ahora se ha convertido en la piedra principal".

[8] Además, "Él es la piedra que hace tropezar a muchos, la roca que los hace caer". Tropiezan porque no obedecen la palabra de Dios y por eso se enfrentan con el destino que les fue preparado.

31. **Isaías 8:14:** Él te mantendrá seguro. En cambio, para Israel y Judá será una piedra que hace tropezar a muchos, una roca que los hace caer. Y para el pueblo de Jerusalén será una red y una trampa.

32. **1 Corintios 10:3-4:** Todos comieron el mismo alimento espiritual [4] y todos bebieron la misma agua espiritual. Pues bebieron de la roca espiritual que viajaba con ellos, y esa roca era Cristo.

33. **Colosenses 1:15-20:** Cristo es la imagen visible del Dios invisible. Él ya existía antes de que las cosas fueran creadas y es supremo sobre toda la creación [16] porque, por medio de él, Dios creó todo lo que existe en los lugares celestiales y en la tierra. Hizo las cosas que podemos ver y las que no podemos ver, tales como tronos, reinos, gobernantes y autoridades del mundo invisible. Todo fue creado por medio de él y para él. [17] Él ya existía antes de todas las cosas y mantiene unida toda la creación. [18] Cristo también es la cabeza de la iglesia, la cual es su cuerpo. Él es el principio, supremo sobre todos los que se levantan de los muertos. Así que él es el primero en todo. [19] Pues a Dios, en toda su plenitud, le agradó vivir en Cristo, [20] y por medio de él, Dios reconcilió consigo todas las cosas. Hizo la paz con todo lo que existe en el cielo y en la tierra, por medio de la sangre de Cristo en la cruz.

34. **1 Timoteo 6:15:** Pues, en el momento preciso, Cristo será revelado desde el cielo por el bendito y único Dios todopoderoso, el Rey de todos los reyes y el Señor de todos los señores.

35. **Hebreos 1:6-12:** Además, cuando trajo a su Hijo supremo al mundo, Dios dijo: "Que lo adoren todos los ángeles de Dios". [7] Pero con respecto a los ángeles, Dios dice: "Él envía a sus ángeles como los vientos y a sus sirvientes como llamas de fuego". [8] Pero al Hijo le dice: "Tu trono, oh Dios, permanece por siempre y para siempre. Tú gobiernas con un cetro de justicia. [9] Amas la justicia y odias la

maldad. Por eso, oh Dios, tu Dios te ha ungido derramando el aceite de alegría sobre ti más que sobre cualquier otro". [10] También le dice al Hijo: "Señor, en el principio echaste los cimientos de la tierra y con tus manos formaste los cielos. [11] Ellos dejarán de existir, pero tú permaneces para siempre. Ellos se desgastarán como ropa vieja. [12] Los doblarás como un manto y los desecharás como ropa usada. Pero tú siempre eres el mismo; tú vivirás para siempre".

36. **1 Corintios 15:47:** Adán, el primer hombre, fue formado del polvo de la tierra, mientras que Cristo, el segundo hombre, vino del cielo.

37. **Hebreos 7:24-28:** Pero dado que Jesús vive para siempre, su sacerdocio dura para siempre.[25] Por eso puede salvar, una vez y para siempre, a los que vienen a Dios por medio de él, quien vive para siempre, a fin de interceder con Dios a favor de ellos. [26] Él es la clase de sumo sacerdote que necesitamos, porque es santo y no tiene culpa ni mancha de pecado. Él ha sido apartado de los pecadores y se le ha dado el lugar de más alto honor en el cielo. [27] A diferencia de los demás sumos sacerdotes, no tiene necesidad de ofrecer sacrificios cada día. Ellos los ofrecían primero por sus propios pecados y luego por los del pueblo. Sin embargo, Jesús lo hizo una vez y para siempre cuando se ofreció a sí mismo como sacrificio por los pecados del pueblo. [28] La ley nombra a sumos sacerdotes que están limitados por debilidades humanas; pero después de que la ley fue entregada, Dios nombró a su Hijo mediante un juramento y su Hijo ha sido hecho el perfecto Sumo Sacerdote para siempre.

38. **Romanos 8:34:** Entonces, ¿quién nos condenará? Nadie, porque Cristo Jesús murió por nosotros y resucitó por nosotros, y está sentado en el lugar de honor, a la derecha de Dios, e intercede por nosotros.

39. **1 Pedro 1:18-20:** Pues ustedes saben que Dios pagó un rescate para salvarlos de la vida vacía que heredaron de sus antepasados. No fue pagado con oro ni plata, los cuales pierden su valor, [19] sino

que fue con la preciosa sangre de Cristo, el Cordero de Dios, que no tiene pecado ni mancha. [20] Dios lo eligió como el rescate por ustedes mucho antes de que comenzara el mundo, pero ahora en estos últimos días él ha sido revelado por el bien de ustedes.

40. **1 Pedro 2:22-25:** Él nunca pecó y jamás engañó a nadie. [23] No respondía cuando lo insultaban ni amenazaba con vengarse cuando sufría. Dejaba su causa en manos de Dios, quien siempre juzga con justicia. [24] Él mismo cargó nuestros pecados sobre su cuerpo en la cruz, para que nosotros podamos estar muertos al pecado y vivir para lo que es recto. Por sus heridas, ustedes son sanados. [25] Antes eran como ovejas que andaban descarriadas. Pero ahora han vuelto a su Pastor, al Guardián de sus almas.

41. **1 Juan 3:5:** Y ustedes saben que Jesús vino para quitar nuestros pecados, y en él no hay pecado.

42. **Filipenses 2:6-11:** Aunque era Dios, no consideró que el ser igual a Dios fuera algo a lo cual aferrarse. [7] En cambio, renunció a sus privilegios divinos; adoptó la humilde posición de un esclavo y nació como un ser humano. Cuando apareció en forma de hombre, [8] se humilló a sí mismo en obediencia a Dios y murió en una cruz como morían los criminales. [9] Por lo tanto, Dios lo elevó al lugar de máximo honor y le dio el nombre que está por encima de todos los demás nombres [10] para que, ante el nombre de Jesús, se doble toda rodilla en el cielo y en la tierra y debajo de la tierra, [11] y toda lengua declare que Jesucristo es el Señor para la gloria de Dios Padre.

43. **2 Corintios 5:10:** Pues todos tendremos que estar delante de Cristo para ser juzgados. Cada uno de nosotros recibirá lo que merezca por lo bueno o lo malo que haya hecho mientras estaba en este cuerpo terrenal.

44. **Romanos 9:5b:** Y él [Jesús] es Dios, el que reina sobre todas las cosas, ¡y es digno de eterna alabanza! Amén.

45. **Apocalipsis 1:5:** ...y de Jesucristo. Él es el testigo fiel de estas cosas, el primero en resucitar de los muertos y el gobernante de todos los reyes del mundo. Toda la gloria sea al que nos ama y nos ha libertado de nuestros pecados al derramar su sangre por nosotros.

46. **Efesios 1:21:** Ahora Cristo está muy por encima de todo, sean gobernantes o autoridades o poderes o dominios o cualquier otra cosa, no solo en este mundo sino también en el mundo que vendrá.

47. **Apocalipsis 19:11-16:** Entonces vi el cielo abierto, y había allí un caballo blanco. Su jinete se llamaba Fiel y Verdadero, porque juzga con rectitud y hace una guerra justa. [12] Sus ojos eran como llamas de fuego, y llevaba muchas coronas en la cabeza. Tenía escrito un nombre que nadie entendía excepto él mismo. [13] Llevaba puesta una túnica bañada de sangre, y su título era "la Palabra de Dios". [14] Los ejércitos del cielo vestidos del lino blanco y puro de la más alta calidad lo seguían en caballos blancos. [15] De su boca salía una espada afilada para derribar a las naciones. Él las gobernará con vara de hierro y desatará el furor de la ira de Dios, el Todopoderoso, como el jugo que corre del lagar. [16] En la túnica, a la altura del muslo, estaba escrito el título: "Rey de todos los reyes y Señor de todos los señores".

48. **Juan 14:6-9:** Jesús le contestó: "Yo soy el camino, la verdad y la vida; nadie puede ir al Padre si no es por medio de mí. [7] Si ustedes realmente me conocieran, también sabrían quién es mi Padre. De ahora en adelante, ya lo conocen y lo han visto". [8] Felipe le dijo: "Señor, muéstranos al Padre y quedaremos conformes". [9] Jesús respondió: "Felipe, ¿he estado con ustedes todo este tiempo, y todavía no sabes quién soy? ¡Los que me han visto a mí han visto al Padre! Entonces, ¿cómo me pides que les muestre al Padre?"

CAPÍTULO OCHO
¿QUIÉN ES EL ESPÍRITU SANTO?

El Espíritu Santo probablemente es la persona (de la Trinidad) que menos entendemos y con la que estamos menos familiarizados. Parte del problema es que no enseñan mucho sobre Él en muchas iglesias, y por lo tanto, existe un gran misterio sobre Él. Otras veces se malinterpreta, lo cual puede crear una atmósfera incómoda para aquellos que buscan a Dios.

La gente muchas veces se aleja de las cosas que no entiende. Es por eso que la tendencia natural puede ser ignorar o evadir al Espíritu Santo, pero como las Escrituras nos hablan tanto de Él, especialmente el Nuevo Testamento, necesitamos tomar pasos para buscarlo, conocerlo y acceder a su poder para que así vivamos una vida cristiana victoriosa. Las Escrituras dicen que debemos conocerlo y convivir con Él si queremos tener una relación vital y exitosa con el Señor (Romanos 8:58[1]).

Un punto muy importante que necesita ser explicado al comenzar nuestro estudio es que no debemos enfocarnos principalmente en Él o en elevarlo. Algunas personas hacen esto y se encuentran con fenómenos como 'el movimiento de la risa', en el que las personas se tiran a rodar en el suelo de la iglesia. También hay quienes se ponen a 'hablar muy alto en lenguas' durante la asamblea, pero sin ningún orden o unidad. Esto generalmente no edifica a Dios para nada. En realidad, abusar del Espíritu de Dios de esta manera puede alejar a las personas de Jesús en vez de acercarlas.

En el otro lado del espectro se encuentran aquellos que le temen al Espíritu y le cierran las puertas. Pueden sentir que Él los mueve durante el servicio para acercarse al altar, o que los pone sentimentales momentáneamente durante alguna parte conmovedora de la alabanza, pero se niegan a esa unción por temor a perder el control de sus emociones. El triste resultado es que muchas iglesias hoy en día hacen todo por costumbre, sin pensar. Es la misma rutina, semana tras semana, con poco gozo, paz o verdadera unidad con el Espíritu Santo.

Averigüemos Quién Es Esta Hermosa Persona

El Espíritu Santo Es Dios Mismo

Encontramos que en el principio, antes de que el tiempo comenzara o de que se formara la tierra, el Espíritu Santo "iba y venía sobre las aguas" (Génesis 1:1-2[2]). En otras traducciones dice "se movía". Lo interesante de el término "se movía" es que la Biblia lo usa 74 veces, pero en todas las Escrituras, solo hay una palabra hebrea para este significado en particular. La raíz de la palabra es *rachaph* (pronunciado "raw-coff"), lo cual significa "permanecer", "relajado", "moverse rápidamente" o "hacer temblar".

La Biblia también nos dice que el Espíritu Santo también es Creador del universo junto con el Padre y el Hijo, Jesús (Génesis 1:26[3]; Job 33:4[4]). ¡"Nosotros" en este acontecimiento de Génesis es la Trinidad de Dios hablando entre ellos mismos! Esto significa que el Espíritu Santo es eterno; no solo fue activo en la creación, sino que sabemos que solo Dios puede crear algo de la nada.

El Espíritu Santo también puede dar vida, lo cual describe su deidad, o su divinidad, porque solo Dios puede crear y sostener vida (Deuteronomio 32:39[5]; 1 Samuel 2:6[6]). ¡También vemos el poder único del Espíritu en las Escrituras cuando levantaban a la gente de la muerte (Romanos 8:11[7])!

Hay muchos acontecimientos en las Escrituras acerca de que Dios, Jesús y el Espíritu Santo tienen los mismos rasgos y poder. Jesús y el

Espíritu Santo tienen muchos títulos y nombres idénticos. Incluso siendo el Espíritu Santo cocreador, encontramos que esto es verdad acerca de Cristo (Colosenses 1:15-20[8]). Esto le da validez al estatus de Dios y a la eternidad (el estado de no tener comienzo ni fin) del Padre, el Hijo **y** el Espíritu Santo porque, reitero, solo Dios puede crear.

No olvides de nuestros estudios anteriores que atribuir el mismo poder, autoridad y majestad a alguien más que no sea Dios es blasfemia. Ciertamente el Espíritu Santo se llama "Dios" en Hechos 5:3-4[9]. Pedro le dice a Ananías que le mintió al Espíritu Santo y en la misma frase dice: "Le estabas mintiendo a Dios".

El Espíritu Santo Es Una Persona.

Como el Espíritu Santo es Espíritu, muchas veces no lo vemos como persona, pero en realidad, podemos verlo de la misma manera en la que vemos a Dios Padre porque Él también es Espíritu (Juan 4:23-24[10]). Tal vez nos enfocamos solo en el Padre y en Jesús, pero eso descuenta la tercera persona de la Trinidad. ¡Esto debilita nuestra fe severamente! La verdad es que necesitamos al Espíritu Santo de manera desesperada porque Él imparte verdad, nos conforta, nos guía, nos da convicción y nos da poder para vivir nuestras vidas. Esta es la ***única manera*** posible en la que podremos vivir la vida que Jesús nos llamó a vivir.

Nosotros solamente podemos vivir una vida santa por el poder de Dios. Entonces, después de que Cristo pagó nuestra deuda y ascendió de regreso al cielo, Él envió su Espíritu Santo a sus seguidores para que ellos tuvieran el poder, la dirección, la sabiduría, el valor y la fortaleza para vivir justificados.

En el Antiguo Testamento, el Espíritu Santo aún estaba muy activo, pero su poder solo se manifestaba en ciertas personas elegidas, para ciertas fechas y eventos. En la cultura judía, a Dios no se le veía como un amigo o un padre, sino como una deidad muy lejana, separado, absolutamente santo, a quien era imposible acercarse.

En el Nuevo Testamento leemos el hecho sobrenatural de Dios cuando su Espíritu vino a vivir personalmente en sus seguidores. A este evento se le llamó "Pentecostés". *Penta* es una palabra griega que significa "cincuenta", y este asombroso acontecimiento ocurrió cincuenta días después de la Pascua, lo cual fue un día antes de que Jesús fuera crucificado (Hechos 2:2-21[11]).

¡Pensar que Dios (el Padre) se acercaría a nosotros, que viviría como nosotros, que moriría por nosotros (Dios el Hijo, Jesús) y que hasta viviría dentro de nosotros (Dios, el Espíritu Santo) era impensable! Lo que hoy tomamos como dado era impensable en los tiempos de antes.

Lo que es verdaderamente interesante es que Pentecostés era un festejo del Antiguo Testamento. Cincuenta días (literalmente 49 días, o sea, siete semanas completas) después de la Pascua, los judíos celebraban "La Fiesta de la Cosecha", también conocida como "La Fiesta de Semanas". El pueblo de Dios le traía sus ofrendas de granos y le alababan por la cosecha (Deuteronomio 16:9-10[12]).

La Fiesta de la Cosecha es uno de los festejos del Antiguo Testamento que aún se lleva a cabo hoy en día, pues la mayoría de los otros festejos antiguos estaban centrados en el sistema de sacrificios, o sea, el derramamiento de sangre de animales por los pecados, lo cual Jesús abolió cuando Él se convirtió en el Cordero del sacrificio que murió en la cruz. Sin embargo, los judíos que no han creído en el Señor Jesucristo para su salvación aún practican todos los festejos antiguos, pues ellos no creen que el Mesías ya haya venido.

En el presente, el Festejo de Cosechas (Pentecostés) es una celebración apropiada del Nuevo Testamento porque el Espíritu Santo es el que brinda la 'cosecha' de la vida correcta a nuestras vidas. Él nos ayuda a 'cosechar' almas para Cristo. Pentecostés nos permite un tiempo de reflexión y agradecimiento por la provisión de Dios y su trabajo en nuestras vidas.

Funciones Del Espíritu Santo

El Espíritu Santo imparte muchos maravillosos e importantes dones a aquellos que han encomendado sus vidas a Jesús. El Espíritu es la influencia primordial en nuestras vidas en lo espiritual, mental, emocional y físico después de que recibimos la salvación. Es su responsabilidad guiarnos continuamente, fortalecernos y dirigirnos todos los días de nuestras vidas **conforme** permanezcamos unidos a Cristo. Las palabras "encomendado" y "permanecer" en este párrafo implican un compromiso honesto, consistente e íntimo que tenemos con Dios si hemos de recibir su poder y sus bendiciones.

En Juan 14:9-11[13], Jesús dice que Él y el Padre son uno. ¡Aquí Él está diciendo que son iguales! No solo eso, sino que el Espíritu también es uno con el Padre y el Hijo. Por eso decimos "en el nombre del Padre, del Hijo y del Espíritu Santo". Como solo Dios puede estar completamente en armonía y unidad consigo mismo, esto le da atributos de la Trinidad al Espíritu Santo; idénticos en gloria y poder con el Padre y el Hijo.

Uno de los más grandes dones que nos da el Espíritu Santo es el nacimiento espiritual (Juan 3:5-8[14]; Tito 3:4-6[15]). Él también nos da vida eterna (Juan 6:63[16]). Puedes leer Juan 14:17[17] y observar cómo Jesús dice: "Ustedes sí lo conocen [al Espíritu Santo] porque Él vive con ustedes ahora", pero no dice "dentro de ustedes ahora". Recuerda que el Espíritu Santo no fue enviado personalmente a la vida de los cristianos sino hasta después de la muerte, entierro y resurrección de Jesús, y luego Pentecostés (Juan 7:39[18]).

No olvides que el Espíritu Santo entra *en nosotros* en el momento de salvación: cuando nos bautizamos *espiritualmente*. En este momento nos llena de Él (Hechos 1:5-8[19]). También somos bautizados física y espiritualmente en Jesucristo, con él como testigo público de nuestra salvación y del don de nuestra vida eterna (Hechos 2:38[20]; Juan 6:27[21]).

Miremos nuevamente a Juan 14:17c[22] ("c" es la tercera frase en un versículo de Escritura). Aquí dice que "el Espíritu está ahora en ustedes" porque Él estaba viviendo dentro y por medio de Jesús, quien estaba físicamente con los discípulos. Pero después este versículo dice que "Él [el Espíritu] estaría después en ellos". Esta es una evidencia más de que Jesús y el Espíritu son uno porque cuando Jesús dice que Él está con nosotros, entonces el Espíritu Santo está con nosotros.

Además, Juan 14:18[23] dice que Jesús volverá a nosotros. Recuerda que Jesús no vendrá literalmente en forma física hasta la Segunda Venida en el futuro, así que Él hablaba de 'venir al creyente' en forma del Espíritu Santo.

De hecho, Jesús nos dice que Él se fue de la tierra específicamente para que el Espíritu Santo fuera enviado a nosotros (Juan 16:7[24]). Esto es porque Jesús no podía alcanzar al mundo entero siendo hombre, pero como Espíritu de Dios, puede vivir personalmente en cada persona que decida aceptar a Jesús como su Señor y Salvador. ¡Lo que es aún más asombroso es que Jesús dice que tú y yo, sus seguidores, seremos uno con el Padre, el Hijo y el Espíritu Santo (Juan 14:20[25])!

Otros Atributos Del Extraordinario Espíritu De Dios

El Espíritu Santo es nuestro intercesor. Lo que es tan precioso es que el título intercesor también se le atribuye a Jesús (1 Juan 2:1[26]). Un intercesor es alguien que defiende a los más débiles o a los que les falta experiencia. Dada nuestra naturaleza pecaminosa y la vulnerabilidad ante nuestro enemigo Satanás, estamos desesperadamente necesitados de gran fortaleza y apoyo. Necesitamos a alguien que luche por nosotros y que nos proteja; alguien que no esté limitado por la fragilidad humana.

Además, al Espíritu Santo se le llama "Espíritu de Verdad" y Él nos guía hacia toda la verdad (Juan 16:13a[27]). A Jesús también se le llama "verdad" (Juan 14:6[28]). La Biblia dice que Dios no puede mentir (porque Él es verdad) (Hebreos 6:18[29]). Muchas veces, cuando escuchamos la palabra "verdad" pensamos en 'decir la verdad', algo que puede ser o no que hagamos en cualquier momento, pero los miembros de la Trinidad SON verdad. Ellos son la forma corporal de la verdad y no pueden ser algo que no sea 100% verídico todo el tiempo.

Otro exquisito rol del Espíritu Santo es que Él ora e intercede por nosotros (Romanos 8:26-27[30]). Esto es algo que también Jesús hace por nosotros (Hebreos 7:24-25[31]). Finalmente, el hermoso Espíritu Santo también es nuestro maestro (1 Juan 2:26-27[32]). Interesantemente, Jesús también es llamado nuestro maestro en Juan 13:13[33].

Entonces, para recapitular quién es el precioso Espíritu Santo:

Él es la tercera parte de la Divina Trinidad (Padre, Hijo y Espíritu Santo). Él es el cocreador del universo. Él nos condena por el pecado.

Él abre los ojos espirituales de los incrédulos. Él nos convence de nuestra necesidad de salvación. Él confirma la verdad de la Palabra de Dios. Él garantiza nuestra salvación y nuestra rectitud ante Dios cuando genuinamente entregamos nuestras vidas a Jesucristo.

El Espíritu Santo también:
- Nos da nuestra fe
- Imparte el poder que necesitamos para vivir de acuerdo con los deseos de Dios
- Termina nuestra esclavitud de los deseos malignos
- Crea fruto en nosotros, como se describe en Gálatas 5:22-23[34]
- Es un maravilloso y sabio consejero que nos ama
- Nos ayuda y nos reconforta en tiempos de necesidad

Solo podemos vivir una vida en santidad si nos concentramos en nuestra relación con Jesús. Logramos esto a través de oración diaria, confesión genuina y arrepentida, estudio de la Biblia y hermandad con otros auténticos creyentes. Pero el PODER para vivir este tipo de vida solo viene del Espíritu Santo. Nuestro trabajo es obedecer sus mandatos y darle el permiso para hacer los cambios necesarios en nosotros. El Espíritu Santo desea que experimentemos la libertad que Dios quiere para nuestras vidas. Él quiere que nos parezcamos más a Jesús, de manera que podamos traer gloria al Padre. Él también desea que cumplamos con nuestro rol cristiano de traer a más personas al Reino de Dios.

¡El Espíritu Santo es el que le da vitalidad a la vida cristiana!

CAPÍTULO 8
Versículos de Escrituras

1. **Romanos 8:5-8:** Los que están dominados por la naturaleza pecaminosa piensan en cosas pecaminosas, pero los que son controlados por el Espíritu Santo piensan en las cosas que agradan al Espíritu. [6] Por lo tanto, permitir que la naturaleza pecaminosa les controle la mente lleva a la muerte. Pero permitir que el Espíritu les controle la mente lleva a la vida y a la paz. [7] Pues la naturaleza pecaminosa es enemiga de Dios siempre. Nunca obedeció las leyes de Dios y jamás lo hará. [8] Por eso, los que todavía viven bajo el dominio de la naturaleza pecaminosa nunca pueden agradar a Dios.

2. **Génesis 1:1-2:** En el principio, Dios creó los cielos y la tierra. [2] La tierra no tenía forma y estaba vacía, y la oscuridad cubría las aguas profundas; y el Espíritu de Dios se movía en el aire sobre la superficie de las aguas.

3. **Génesis 1:26:** Entonces Dios dijo: "Hagamos a los seres humanos a nuestra imagen, para que sean como nosotros. Ellos reinarán sobre los peces del mar, las aves del cielo, los animales domésticos, todos los animales salvajes de la tierra y los animales pequeños que corren por el suelo".

4. **Job 33:4:** El Espíritu de Dios me ha creado, y el aliento del Todopoderoso me da vida.

5. **Deuteronomio 32:39:** ¡Miren ahora, yo mismo soy Dios! ¡No hay otro dios aparte de mí! Yo soy el que mata y el que da vida, soy el que hiere y el que sana. ¡Nadie puede ser librado de mi mano poderosa!

6. **1 Samuel 2:6:** El Señor da tanto la muerte como la vida; a unos baja a la tumba y a otros levanta.

7. **Romanos 8:11:** El Espíritu de Dios, quien levantó a Jesús de los muertos, vive en ustedes; y así como Dios levantó a Cristo Jesús de

los muertos, él dará vida a sus cuerpos mortales mediante el mismo Espíritu, quien vive en ustedes.

8. **Colosenses 1:15-20:** Cristo es la imagen visible del Dios invisible. Él ya existía antes de que las cosas fueran creadas y es supremo sobre toda la creación [16] porque, por medio de él, Dios creó todo lo que existe en los lugares celestiales y en la tierra. Hizo las cosas que podemos ver y las que no podemos ver, tales como tronos, reinos, gobernantes y autoridades del mundo invisible. Todo fue creado por medio de él y para él. [17] Él ya existía antes de todas las cosas y mantiene unida toda la creación. [18] Cristo también es la cabeza de la iglesia, la cual es su cuerpo. Él es el principio, supremo sobre todos los que se levantan de los muertos. Así que él es el primero en todo. [19] Pues a Dios, en toda su plenitud, le agradó vivir en Cristo, [20] y por medio de él, Dios reconcilió consigo todas las cosas. Hizo la paz con todo lo que existe en el cielo y en la tierra, por medio de la sangre de Cristo en la cruz.

9. **Hechos 5:3-4:** Entonces Pedro le dijo: "Ananías, ¿por qué has permitido que Satanás llenara tu corazón? Le mentiste al Espíritu Santo y te quedaste con una parte del dinero.[4] La decisión de vender o no la propiedad fue tuya. Y, después de venderla, el dinero también era tuyo para regalarlo o no. ¿Cómo pudiste hacer algo así? ¡No nos mentiste a nosotros sino a Dios!".

10. **Juan 4:23-24:** Pero se acerca el tiempo, de hecho, ya ha llegado, cuando los verdaderos adoradores adorarán al Padre en espíritu y en verdad. El Padre busca personas que lo adoren de esa manera. [24] Pues Dios es Espíritu, por eso todos los que lo adoran deben hacerlo en espíritu y en verdad.

11. **Hechos 2:1-21:** El día de Pentecostés, todos los creyentes estaban reunidos en un mismo lugar. [2] De repente, se oyó un ruido desde el cielo parecido al estruendo de un viento fuerte e impetuoso que llenó la casa donde estaban sentados. [3] Luego, algo parecido a unas llamas o lenguas de fuego aparecieron y se posaron sobre cada uno

de ellos. **4** Y todos los presentes fueron llenos del Espíritu Santo y comenzaron a hablar en otros idiomas, conforme el Espíritu Santo les daba esa capacidad. **5** En esa ocasión, había judíos devotos de todas las naciones, que vivían en Jerusalén. **6** Cuando oyeron el fuerte ruido, todos llegaron corriendo y quedaron desconcertados al escuchar sus propios idiomas hablados por los creyentes. **7** Estaban totalmente asombrados. "¿Cómo puede ser?", exclamaban. "Todas estas personas son de Galilea, **8** ¡y aun así las oímos hablar en nuestra lengua materna! **9** Aquí estamos nosotros: partos, medos, elamitas, gente de Mesopotamia, Judea, Capadocia, Ponto, de la provincia de Asia, **10** de Frigia, Panfilia, Egipto y de las áreas de Libia alrededor de Cirene, visitantes de Roma **11** (tanto judíos como convertidos al judaísmo), cretenses y árabes. ¡Y todos oímos a esta gente hablar en nuestro propio idioma acerca de las cosas maravillosas que Dios ha hecho!". **12** Quedaron allí, maravillados y perplejos. "¿Qué querrá decir esto?", se preguntaban unos a otros. **13** Pero otros entre la multitud se burlaban de ellos diciendo: "Solo están borrachos, eso es todo". **14** Entonces Pedro dio un paso adelante junto con los otros once apóstoles y gritó a la multitud: "¡Escuchen con atención, todos ustedes, compatriotas judíos y residentes de Jerusalén! No se equivoquen. **15** Estas personas no están borrachas, como algunos de ustedes suponen. Las nueve de la mañana es demasiado temprano para emborracharse. **16** No, lo que ustedes ven es lo que el profeta Joel predijo hace mucho tiempo: **17** 'En los últimos días', dice Dios, 'derramaré mi Espíritu sobre toda la gente. Sus hijos e hijas profetizarán. Sus jóvenes tendrán visiones, y sus ancianos tendrán sueños. **18** En esos días derramaré mi Espíritu aun sobre mis siervos, hombres y mujeres por igual, y profetizarán. **19** Y haré maravillas arriba en los cielos y señales abajo en la tierra: sangre, fuego y nubes de humo. **20** El sol se oscurecerá, y la luna se pondrá roja como la sangre antes de que llegue el grande y glorioso día del Señor. [21] Pero todo el que invoque el nombre del Señor será salvo'".

12. **Deuteronomio 16:9-10:** Cuenta siete semanas a partir del momento en que comiences a cortar el grano al inicio de la cosecha. [10] Luego celebra el Festival de la Cosecha en honor al Señor tu Dios. Llévale una ofrenda voluntaria en proporción a las bendiciones que hayas recibido de él.

13. **Juan 14:9-11:** Jesús respondió: "Felipe, ¿he estado con ustedes todo este tiempo, y todavía no sabes quién soy? ¡Los que me han visto a mí han visto al Padre! Entonces, ¿cómo me pides que les muestre al Padre? [10] ¿Acaso no crees que yo estoy en el Padre y el Padre está en mí? Las palabras que yo digo no son mías, sino que mi Padre, quien vive en mí, hace su obra por medio de mí. [11] Solo crean que yo estoy en el Padre y el Padre está en mí; o al menos crean por las obras que me han visto hacer".

14. **Juan 3:5-8:** Jesús le contestó: "Te digo la verdad, nadie puede entrar en el reino de Dios si no nace de agua y del Espíritu. [6] El ser humano solo puede reproducir la vida humana, pero la vida espiritual nace del Espíritu Santo. [7] Así que no te sorprendas cuando digo: 'Tienen que nacer de nuevo'. [8] El viento sopla hacia donde quiere. De la misma manera que oyes el viento pero no sabes de dónde viene ni adónde va, tampoco puedes explicar cómo las personas nacen del Espíritu".

15. **Tito 3:4-6:** Sin embargo, cuando Dios nuestro Salvador dio a conocer su bondad y amor, [5] él nos salvó, no por las acciones justas que nosotros habíamos hecho, sino por su misericordia. Nos lavó, quitando nuestros pecados, y nos dio un nuevo nacimiento y vida nueva por medio del Espíritu Santo. [6] Él derramó su Espíritu sobre nosotros en abundancia por medio de Jesucristo nuestro Salvador.

16. **Juan 6:63:** Solo el Espíritu da vida eterna; los esfuerzos humanos no logran nada. Las palabras que yo les he hablado son espíritu y son vida.

17. **Juan 14:17:** Me refiero al Espíritu Santo, quien guía a toda la verdad. El mundo no puede recibirlo porque no lo busca ni lo reconoce; pero ustedes sí lo conocen, porque ahora él vive con ustedes y después estará en ustedes.

18. **Juan 7:39:** (Con la expresión "agua viva", se refería al Espíritu, el cual se le daría a todo el que creyera en él; pero el Espíritu aún no había sido dado, porque Jesús todavía no había entrado en su gloria).

19. **Hechos 1:5-8:** "Juan bautizaba con agua, pero en unos cuantos días ustedes serán bautizados con el Espíritu Santo". **6** Así que mientras los apóstoles estaban con Jesús, le preguntaron con insistencia: "Señor, ¿ha llegado ya el tiempo de que liberes a Israel y restaures nuestro reino?". **7** Él les contestó: "Solo el Padre tiene la autoridad para fijar esas fechas y tiempos, y a ustedes no les corresponde saberlo; **8** pero recibirán poder cuando el Espíritu Santo descienda sobre ustedes; y serán mis testigos, y le hablarán a la gente acerca de mí en todas partes: en Jerusalén, por toda Judea, en Samaria y hasta los lugares más lejanos de la tierra".

20. **Hechos 2:38:** Pedro contestó: "Cada uno de ustedes debe arrepentirse de sus pecados y volver a Dios, y ser bautizado en el nombre de Jesucristo para el perdón de sus pecados. Entonces recibirán el regalo del Espíritu Santo".

21. **Juan 6:27:** No se preocupen tanto por las cosas que se echan a perder, tal como la comida. Pongan su energía en buscar la vida eterna que puede darles el Hijo del Hombre. Pues Dios Padre me ha dado su sello de aprobación.

22. **Juan 14:17c:** Pero ustedes sí lo conocen, porque ahora él vive con ustedes y después estará en ustedes.

23. **Juan 14:18:** [Jesús dijo:] No los abandonaré como a huérfanos; vendré a ustedes.

24. **Juan 16:7:** En realidad, es mejor para ustedes que me vaya porque, si no me fuera, el Abogado Defensor no vendría. En cambio, si me voy, entonces se lo enviaré a ustedes.

25. **Juan 14:20:** Cuando yo vuelva a la vida, ustedes sabrán que estoy en mi Padre y que ustedes están en mí, y yo, en ustedes.

26. **1 Juan 2:1:** Mis queridos hijos, les escribo estas cosas, para que no pequen; pero si alguno peca, tenemos un abogado que defiende nuestro caso ante el Padre. Es Jesucristo, el que es verdaderamente justo.

27. **Juan 16:13a:** Cuando venga el Espíritu de verdad, él los guiará a toda la verdad.

28. **Juan 14:6:** Jesús le contestó: "Yo soy el camino, la verdad y la vida; nadie puede ir al Padre si no es por medio de mí".

29. **Hebreos 6:18:** Así que Dios ha hecho ambas cosas: la promesa y el juramento. Estas dos cosas no pueden cambiar, porque es imposible que Dios mienta. Por lo tanto, los que hemos acudido a él en busca de refugio podemos estar bien confiados aferrándonos a la esperanza que está delante de nosotros.

30. **Romanos 8:26-27:** Además, el Espíritu Santo nos ayuda en nuestra debilidad. Por ejemplo, nosotros no sabemos qué quiere Dios que le pidamos en oración, pero el Espíritu Santo ora por nosotros con gemidos que no pueden expresarse con palabras. [27] Y el Padre, quien conoce cada corazón, sabe lo que el Espíritu dice, porque el Espíritu intercede por nosotros, los creyentes, en armonía con la voluntad de Dios.

31. **Hebreos 7:24-25:** Pero dado que Jesús vive para siempre, su sacerdocio dura para siempre.[25] Por eso puede salvar, una vez y para siempre, a los que vienen a Dios por medio de él, quien vive para siempre, a fin de interceder con Dios a favor de ellos.

32. **1 Juan 2:26-27:** Les escribo estas cosas para advertirles acerca de los que quieren apartarlos del camino. [27] Ustedes han recibido al Espíritu Santo, y él vive dentro de cada uno de ustedes, así que no necesitan que nadie les enseñe lo que es la verdad. Pues el Espíritu les enseña todo lo que necesitan saber, y lo que él enseña es verdad, no mentira. Así que, tal como él les ha enseñado, permanezcan en comunión con Cristo.

33. **Juan 13:13:** Ustedes me llaman "Maestro" y "Señor" y tienen razón, porque es lo que soy.

34. **Gálatas 5:22-23:** En cambio, la clase de fruto que el Espíritu Santo produce en nuestra vida es: amor, alegría, paz, paciencia, gentileza, bondad, fidelidad, [23] humildad y control propio. ¡No existen leyes contra esas cosas!

CAPÍTULO NUEVE
¿QUIÉN ES SATANÁS?

La mayoría de las personas tienen curiosidad por saber de Satanás. Generalmente se piensa que él es 'el malvado' y que Dios es 'el bueno'. Algunas personas dudan de su existencia completamente, o piensan que es un ser con cuernos rojos, como de una caricatura. Pero a menos que leamos la verdad sobre quién es él en la Biblia, probablemente no tendremos un entendimiento correcto. Él es muy real, muy malvado y muy peligroso.

Podría sorprendernos que Satanás tuvo su comienzo en el cielo (Isaías 14:12-17[1]; Ezequiel 28:12-17[2]). Aunque estos pasajes se refieren a los reyes del Antiguo Testamento, muchos estudiados de la Biblia también se los atribuyen a Satanás.

Satanás era una de las criaturas más bellas creadas por Dios. Él era un ángel de gran poder. Su nombre era Lucifer, lo cual significa "ser de gran luz" o "estrella brillante de la mañana". Sin embargo, leemos en estos acontecimientos que él se volvió orgulloso de su belleza y decidió retar al Altísimo Dios. ¡Su orgullo lo llevó de ser un hermoso ángel amado a ser llamado "El Padre de las Mentiras" y "La Serpiente Antigua" (Juan 8:44[3]; Apocalipsis 12:9[4])!

De hecho, una de las maneras en las que él trata de tener acceso a las vidas humanas es disfrazándose como un ángel de luz. Él sabe que si nos damos cuenta de lo horrible que es él realmente, no querremos tener nada que ver con él. A menudo, los seres humanos que lo siguen esconden sus verdaderas intenciones (2 Corintios 11:12-15[5]). Por eso muchas veces es difícil distinguir entre el bien y el mal, por lo que desesperadamente necesitamos discernimiento del Espíritu Santo y la Palabra de Dios. Discernimiento es la habilidad de reconocer si alguien es genuino o falso, honesto o mentiroso.

Jesús nos dice que Él vio a Satanás caer del cielo (Lucas 10:17-18[6]). Desde entonces, Satanás ha sido la mera esencia del mal, causando destrucción sobre la tierra (1 Juan 3:8[7]). Verdaderamente Jesús vino con el único propósito de liberar a su pueblo de las garras del diablo (Colosenses 1:13-14[8]).

El apóstol Pedro en efecto revela uno de los propósitos principales que el Señor tiene para nuestras vidas: "Pero ustedes [cristianos] no son así porque son un pueblo elegido. Son sacerdotes del Rey, una nación santa, posesión exclusiva de Dios. Por eso pueden mostrar a otros la bondad de Dios, pues él los ha llamado a salir de la oscuridad y entrar en su luz maravillosa [El Reino de Dios]". (2 Pedro 2:9)

El nombre "Satanás" significa "adversario", lo que quiere decir "en contra" de algo o alguien. Él ha estado en contra de Dios y todo lo que Él representa desde que fue expulsado del cielo. Él sabe que no puede pelear contra Dios directamente, así que él le declara la guerra al pueblo de Dios. Los acosa día y noche (Zacarías 3:1-2[9]; Apocalipsis 12:10[10]). Aunque gran parte del mal que vemos en el mundo es por el egoísmo del hombre, muchos eventos y situaciones empeoran por las obras de Satanás.

¿Por Qué Satanás Es Tan Exitoso?

Satanás ODIA a Dios y a su pueblo, y su plan malvado es matar, desfigurar y destruir todo y a todos los que aman a Dios (Juan 10:10[11]). Él detesta a la humanidad en general porque todos fuimos creados a la imagen de Dios, pero él tiene un odio especial para aquellos que aman a Jesús.

Él luchará con todo lo que tiene a su disposición para desviarnos del camino y quitar nuestro enfoque de Dios. Sería tonto negar que él tiene un poder incalculablemente mayor que el nuestro, y como es maestro del engaño, le encanta cuando la gente no cree que él existe. ¡Debemos creer que Satanás es real!

Una de las maneras principales en las que el diablo opera es sembrando duda en nuestras mentes para que le demos la espalda a Dios y a su verdad. Esto lo vemos en el famoso relato de Adán y Eva, en el que Dios les dijo que no comieran del árbol del bien y del mal, pero la serpiente (Satanás) le puso en la mente a Eva que se estaba perdiendo de mucho y que Dios era egoísta al prohibírselo. Entonces ella le creyó al diablo en lugar de a Dios y los resultados fueron catastróficos (Génesis 3:1-24[12]).

Por este relato, vemos que Satanás es capaz de interponer pensamientos dentro de nuestras mentes. Aunque él no es capaz de 'leer nuestras mentes', él observa nuestro comportamiento y conoce nuestras debilidades. Lo interesante es que Satanás aún usa esta misma táctica de sembrar dudas hoy en día, causando así que millones de personas se alejen de Dios y de sus planes.

El Poder Limitado De Satanás

Satanás tiene acceso a Dios mismo. También tiene permitido tentar al pueblo de Dios, que son los creyentes (Job 1:1-12[13]), pero gracias a Dios, los cristianos tienen a Jesús que los protege y ora por ellos para que se sobrepongan a estar pruebas (Lucas 22:31-32[14]). Sin embargo, si tú no estás en relación con Dios por medio de la salvación en Cristo Jesús, no puedes esperar la misma protección de el diablo. Las almas de los incrédulos (aquellos que no son salvos) pueden ser poseídas por Satanás. Esto significa que él puede tomar el control de la mente y la voluntad de un ser humano (Lucas 22:3[15]).

Nuevamente, les digo que es imposible que un creyente genuino sea poseído por Satanás, pues el Espíritu Santo vive dentro de ellos y el diablo no puede coexistir con Dios, pero Satanás aún puede crear disturbio y oprimir al creyente (Hechos 10:38[16]; 1 Tesalonicenses 2:18[17]; 1 Pedro 5:8-9[18]). Dios aún puede permitir que el diablo y sus demonios causen dificultades en nuestras vidas para que busquemos más a Dios y formemos nuestro carácter (2 Corintios 12:76[19]).

Algunas manifestaciones de la posesión satánica son desórdenes mentales (Marcos 5:1-15[20]). La Biblia también relata actividades demoníacas en forma de actos violentos (Lucas 8:26-29[21]) y enfermedades corporales (Lucas 13:11[22]; Mateo 12:22[23]). Obviamente, ¡esto no significa que cuando las personas se enferman, actúan violentas o tienen alguna enfermedad mental estén poseídas por el diablo! Pero esto sí puede ser un factor contribuyente.

Satanás también tiene un ejército de ángeles caídos llamados demonios. Otro título de Satanás es Belcebú, que significa "Jefe de Malos Espíritus" o "Príncipe de Demonios" (Mateo 12:24[24]). Aunque esta escritura en particular se refiere al odio de los fariseos por Jesús y a la implicación de que su poder era del diablo, este pasaje fue usado para demostrar que a Satanás se le llama "Príncipe de Demonios".

Como Satanás es un ser creado, no puede estar en todo lugar al mismo tiempo. Solo Dios mismo es "omnipresente", lo cual significa "capaz de estar en todo lugar al mismo tiempo", así que Satanás usa a sus demonios para que hagan sus malas obras. De hecho, los demonios tienen territorios; zonas geográficas de las cuales se encargan (Daniel 10:13[25]; Efesios 6:10-12[26]).

Satanás es conocido como "el dios de este mundo" y "el que gobierna este mundo" (Lucas 4:5-6[27]; Juan 12:31[28]; 2 Corintios 4:3-4[29]; 1 Juan 5:19[30]). En este contexto, el mundo se refiere al campo del materialismo, la sociedad, la economía, la política y todo lo físico con lo que las personas se relacionan. Por eso vemos tanta maldad entre la gente que no tiene fe en Jesús. Sus mentes son literalmente controladas por el diablo (Efesios 2:12[31]).

Hasta los cristianos obedecen al diablo antes de aceptar a Jesús, pero tomaron la decisión crucial de rechazar al enemigo de sus almas y buscar a Jesús, el que ama sus almas. Es extremadamente importante entender que es tu decisión saber a quién vas a servir. Presta atención a la siguiente escritura y date cuenta de que menciona solo dioses falsos o "servir al Señor": Josué 24:15[32].

¿A Quién Servirás?

Así como Dios es verdad, y por lo tanto Él no puede mentir, Satanás es un mentiroso y esencialmente un asesino. Y así como las personas pueden decidir imitar y reflejar el carácter de Dios, también pueden imitar y reflejar el carácter de Satanás (2 Timoteo 2:25-26[33]). Le corresponde a cada persona decidir a quién le van a dedicar su vida. La verdad es que vas a escoger seguir a Jesús o vas a escoger seguir al enemigo de tu alma (Mateo 12:30[34]).

La Biblia claramente dice que es el estilo de vida, sobre todo de justicia o de maldad, lo que separa a los creyentes de los incrédulos (1 Juan 3:9-10[35]). Como cristianos, ¡obviamente vamos a cometer errores! No olvides que nuestra justificación viene de Jesús, pero no por nuestros propios esfuerzos. Solo tú puedes tomar la decisión de 'vivir' de una forma o de otra según tus motivos, pensamientos y acciones.

Tú puedes decirte a ti mismo: "Yo no sigo a Jesús, ¡pero tampoco adoro al diablo!" Sin embargo, no podemos ser neutrales. O estamos viviendo en la oscuridad o en la luz; viviendo para servir a Satanás o viviendo para servir a Cristo (Hechos 26:15-18[36]). El único motivo de Satanás es esclavizarnos y destruirnos. Solo Cristo puede librarnos porque Él es el único que tiene el deseo y el poder para hacerlo.

Nuestra decisión de amar a Jesús o rechazarlo es por lo que vamos a ser juzgados al final. No hay término medio; no podemos ser 'un poco' cristianos. De hecho, Dios detesta este comportamiento hipócrita. ¡Él prefiere que lo neguemos a que aparentemos ser cristianos (Apocalipsis 3:15-16[37])!

Los creyentes nuevos son particularmente vulnerables a los ataques de Satanás (Lucas 8:12[38]), y por lo tanto, es extremadamente importante que ellos sean entrenados directamente después de su salvación para aprender la doctrina cristiana. Ellos necesitan a aquellos que son maduros en la fe para que los ayuden a entender cómo soportar los asaltos del diablo, cómo orar, cómo sobreponerse a sus viejos deseos y cómo leer la Palabra de Dios.

¿Cómo Debemos Lidiar Con Satanás?

Mi creencia personal es que no debemos comunicarnos con el diablo de ninguna manera. Yo he sido testigo de algunos cristianos que se comunican con él, gritándole y exigiéndole que les obedezca. De hecho, busqué la palabra "gritando" en la Biblia y solo la encontré cuando ocurría entre personas. ¡"Gritando" solo está registrado en relación con los demonios particularmente cuando se enfrentaban a Jesús y a un par de hombres poseídos!

En lugar de tratar con Satanás, yo prefiero pedir protección a mi Señor y pedirle que pelee mis batallas contra mis enemigos. Aun el arcángel Miguel le pidió al Señor que lidiara con Satanás (Judas 1:19[39]).

Finalmente, debemos alejarnos absolutamente de todo lo que tenga que ver con lo oculto. Esto incluye a aquellos que leen las cartas, juegos satánicos, horóscopos y espiritistas (Deuteronomio 18:9-15[40]; Isaías 8:19[41]). Lo que puede parecer un pasatiempo inocente puede convertirte literalmente en esclavo. Satanás es un manipulador muy cruel y no se detendrá ante nada hasta que consiga destruirte. Todo lo que necesitamos saber acerca del diablo, nuestro enemigo, está en la Biblia. Dios quiere ser el único que nos da sabiduría y dirección.

La Biblia les dice a los creyentes que resistan al diablo y él huirá. ¡Esto significa que saldrá corriendo deprisa (Santiago 4:7[42])! Pero primero, debemos ser humildes y someter nuestras vidas a Dios. Solamente así vamos a poder soportar los ataques del diablo. Dios quiere todo nuestro ser: nuestro corazón, nuestra mente, nuestra alma y nuestro cuerpo bajo su control amoroso.

Conforme vivamos en comunión profunda y diaria con el Señor, Él nos brindará protección contra Satanás. Pero como mencionamos previamente, ¡seguiremos teniendo problemas y nos va a seguir molestando esa serpiente mentirosa! ¡Pero viviendo a nuestra propia manera y rezando brevemente cuando nos venga un problema no nos va a dar verdadera seguridad!

Por esto Dios nos ha dado una armadura especial para esta guerra espiritual. Estas armas son sobrenaturales. Solamente serán efectivas si las usamos regularmente y en el poder del Espíritu Santo. Las armas más poderosas que usamos contra el diablo son la Palabra de Dios, a la cual se le llama "La Espada del Espíritu", y la oración.

Otras armas de nuestra guerra se encuentran en Efesios 6:13-18[43]. Hay que considerar que este pasaje no nos dice que salgamos a pelear, o que gritemos y ataquemos al enemigo. Se nos ordena permanecer firmes. La única arma ofensiva que tenemos es la Biblia y podemos leer y hablar las Escrituras cuando estemos siendo atacados.

¡Yo Pensé Ver Un Milagro!

En los días antes de la Segunda Venida física y visible de Jesucristo, la gente presentirá que se acerca el final. Se van a ver más desastres naturales y más maldad. Aun algunas personas que claman seguir a Cristo lo van a rechazar. Esta es la receta para una gran decepción. La gente buscará respuestas y aceptará muchas falsas ideas y métodos para aliviar sus temores e inseguridades. Aquí comienza: El Último Asalto de Satanás.

En los últimos días habrá más milagros, por lo tanto, debemos ser muy cuidadosos de las actividades sobrenaturales (2 Tesalonicenses 2:9-10[44]; Apocalipsis 16:44[45]). Estas Escrituras hablan del Anticristo: el que vendrá en los últimos días para mentir y destruir a todos los que estén en su camino. Él recibirá poder de Satanás. Debes estar muy atento, pues Satanás y sus demonios son capaces de hacer milagros aun hoy en día.

Nuevamente te digo que no solo porque veamos milagros significa que estos vienen de Dios (Apocalipsis 19:20[46]). El diablo usará métodos engañosos para alejar a la gente del Señor. De hecho, se le dará poder de Dios para resucitar a los muertos (Apocalipsis 13:11-15[47]). La noticia fantástica es que Satanás y sus demonios serán lanzados al lago de azufre y fuego para que sufran por siempre (Apocalipsis 20:7-10[48]). La mayor tristeza, sin embargo, será por aquellos que rechacen la oferta de salvación por medio de Jesucristo mientras viven en la tierra. Ellos se irán con el diablo al lago de fuego que fue hecho originalmente solo para el diablo y sus demonios (Mateo 25:41[49]).

Al morir, ya no podemos cambiar nuestra decisión de seguir a Dios o al diablo, y por lo tanto, de vivir en el cielo o el infierno. Esta decisión solamente la podemos tomar mientras vivamos en esta vida. Por eso es tan esencial para los cristianos compartir su fe con todos los que les sea posible, conforme los guíe el Espíritu Santo. Satanás y el infierno son muy reales. Tú vivirás eternamente, pero solo tú puedes decidir tu destino eterno. Y solo Dios, por medio de Jesucristo, puede enderezar nuestro camino y darnos la victoria para sobrepasar a todo, y así poder vivir con Él por siempre (Proverbios 3:5-6[50]; 4:10-13[51]).

¡Derrota al demonio con tu determinación de servir a Jesucristo con tu vida entera!

CAPÍTULO 9
Versículos de Escrituras

1. **Isaías 14:12-17:** "¡Cómo has caído del cielo, oh estrella luciente, hijo de la mañana! Has sido arrojado a la tierra, tú que destruías a las naciones del mundo. ¹³ Pues te decías a ti mismo: 'Subiré al cielo para poner mi trono por encima de las estrellas de Dios. Voy a presidir en el monte de los dioses, muy lejos en el norte. ¹⁴ Escalaré hasta los cielos más altos y seré como el Altísimo'. ¹⁵ En cambio, serás bajado al lugar de los muertos, a las profundidades más hondas. ¹⁶ Allí todos te mirarán y se preguntarán: '¿Puede ser este el que sacudía la tierra y hacía temblar a los reinos del mundo? ¹⁷ ¿Es este el que destruyó el mundo y lo convirtió en una tierra baldía? ¿Es este el rey que demolía las grandes ciudades del mundo y no tenía compasión de sus prisioneros?'".

2. **Ezequiel 28:12-17:** "Hijo de hombre, entona este canto fúnebre para el rey de Tiro. Dale este mensaje de parte del Señor Soberano:" "Tú eras el modelo de la perfección, lleno de sabiduría y de exquisita belleza. ¹³ Estabas en el Edén, el jardín de Dios. Tenías la ropa adornada con toda clase de piedras preciosas: cornalina rojiza, peridoto verde pálido, adularia blanca, berilo azul y verde, ónice, jaspe verde, lapislázuli, turquesa y esmeralda, todas talladas especialmente para ti e incrustadas en el oro más puro. Te las dieron el día en que fuiste creado. ¹⁴ Yo te ordené y te ungí como poderoso ángel guardián. Tenías acceso al monte santo de Dios y caminabas entre las piedras de fuego.¹⁵ Eras intachable en todo lo que hacías, desde el día en que fuiste creado hasta el día en que se encontró maldad en ti. ¹⁶ Tu abundante comercio te llevó a la violencia, y pecaste. Entonces te expulsé en deshonra de la montaña de Dios. Te eché, guardián poderoso, del lugar que tenías entre las piedras de fuego. ¹⁷ Tu corazón se llenó de orgullo debido a tu gran belleza. Tu sabiduría se corrompió a causa de tu amor por el

esplendor. Entonces te arrojé al suelo y te expuse a la mirada curiosa de los reyes".

3. **Juan 8:44:** Pues ustedes son hijos de su padre, el diablo, y les encanta hacer las cosas malvadas que él hace. Él ha sido asesino desde el principio y siempre ha odiado la verdad, porque en él no hay verdad. Cuando miente, actúa de acuerdo con su naturaleza porque es mentiroso y el padre de la mentira.

4. **Apocalipsis 12:9:** Este gran dragón, la serpiente antigua llamada diablo o Satanás, el que engaña al mundo entero, fue lanzado a la tierra junto con todos sus ángeles.

5. **2 Corintios 11:12-15:** Pero seguiré haciendo lo que siempre he hecho. Esto debilitará los argumentos de aquellos que andan buscando la oportunidad para jactarse de que su trabajo es igual al nuestro. [13] Estos individuos son falsos apóstoles. Son obreros engañosos que se disfrazan de apóstoles de Cristo. [14] ¡Pero no me sorprende para nada! Aun Satanás se disfraza de ángel de luz. [15] Así que no es de sorprenderse que los que lo sirven también se disfracen de siervos de la justicia. Al final, recibirán el castigo que sus acciones perversas merecen.

6. **Lucas 10:17-18:** Cuando los setenta y dos discípulos regresaron, le informaron llenos de alegría: "¡Señor, hasta los demonios nos obedecen cuando usamos tu nombre!". [18] "Sí", les dijo. "Vi a Satanás caer del cielo como un rayo".

7. **1 Juan 3:8:** Sin embargo, cuando alguien sigue pecando, demuestra que pertenece al diablo, el cual peca desde el principio; pero el Hijo de Dios vino para destruir las obras del diablo.

8. **Colosenses 1:13-14:** Pues él nos rescató del reino de la oscuridad y nos trasladó al reino de su Hijo amado, [14] quien compró nuestra libertad y perdonó nuestros pecados.

9. **Zacarías 3:1-2:** Entonces el ángel me mostró a Jesúa, el sumo sacerdote, que estaba de pie ante el ángel del Señor. El Acusador,

Satanás, estaba allí a la derecha del ángel y presentaba acusaciones contra Jesúa. [2] Entonces el Señor le dijo a Satanás: "Yo, el Señor, rechazo tus acusaciones, Satanás. Así es, el Señor que eligió a Jerusalén te reprende. Este hombre es como un tizón en llamas que ha sido arrebatado del fuego".

10. **Apocalipsis 12:10:** Luego oí una fuerte voz que resonaba por todo el cielo: "Por fin han llegado la salvación y el poder, el reino de nuestro Dios, y la autoridad de su Cristo. Pues el acusador de nuestros hermanos, el que los acusa delante de nuestro Dios día y noche, ha sido lanzado a la tierra".

11. **Juan 10:10:** El propósito del ladrón es robar y matar y destruir; mi propósito es darles una vida plena y abundante.

12. **Génesis 3:1-24:** La serpiente era el más astuto de todos los animales salvajes que el Señor Dios había hecho. Cierto día le preguntó a la mujer: "¿De veras Dios les dijo que no deben comer del fruto de ninguno de los árboles del huerto?". [2] "Claro que podemos comer del fruto de los árboles del huerto", contestó la mujer. [3] "Es solo del fruto del árbol que está en medio del huerto del que no se nos permite comer. Dios dijo: 'No deben comerlo, ni siquiera tocarlo; si lo hacen, morirán'". [4] "¡No morirán!", respondió la serpiente a la mujer. [5] "Dios sabe que, en cuanto coman del fruto, se les abrirán los ojos y serán como Dios, con el conocimiento del bien y del mal". [6] La mujer quedó convencida. Vio que el árbol era hermoso y su fruto parecía delicioso, y quiso la sabiduría que le daría. Así que tomó del fruto y lo comió. Después le dio un poco a su esposo que estaba con ella, y él también comió. [7] En ese momento, se les abrieron los ojos, y de pronto sintieron vergüenza por su desnudez. Entonces cosieron hojas de higuera para cubrirse. [8] Cuando soplaba la brisa fresca de la tarde, el hombre y su esposa oyeron al Señor Dios caminando por el huerto. Así que se escondieron del Señor Dios entre los árboles. [9] Entonces el Señor Dios llamó al hombre: "¿Dónde estás?". [10] El hombre

contestó: "Te oí caminando por el huerto, así que me escondí. Tuve miedo porque estaba desnudo". **11** "¿Quién te dijo que estabas desnudo?", le preguntó el Señor Dios. "¿Acaso has comido del fruto del árbol que te ordené que no comieras?". **12** El hombre contestó: "La mujer que tú me diste fue quien me dio del fruto, y yo lo comí". **13** Entonces el Señor Dios le preguntó a la mujer: "¿Qué has hecho?". "La serpiente me engañó", contestó ella. "Por eso comí". **14** Entonces el Señor Dios le dijo a la serpiente: "Por lo que has hecho, eres maldita más que todos los animales, tanto domésticos como salvajes. Andarás sobre tu vientre, arrastrándote por el polvo durante toda tu vida. **15** Y pondré hostilidad entre tú y la mujer, y entre tu descendencia y la descendencia de ella. Su descendiente te golpeará la cabeza, y tú le golpearás el talón". **16** Luego le dijo a la mujer: "Haré más agudo el dolor de tu embarazo, y con dolor darás a luz. Y desearás controlar a tu marido, pero él gobernará sobre ti". **17** Y al hombre le dijo: "Dado que hiciste caso a tu esposa y comiste del fruto del árbol del que te ordené que no comieras, la tierra es maldita por tu culpa. Toda tu vida lucharás para poder vivir de ella. **18** Te producirá espinos y cardos, aunque comerás de sus granos. **19** Con el sudor de tu frente obtendrás alimento para comer hasta que vuelvas a la tierra de la que fuiste formado. Pues fuiste hecho del polvo, y al polvo volverás". **20** Después, el hombre, Adán, le puso a su esposa el nombre Eva, porque ella sería la madre de todos los que viven. **21** Y el Señor Dios hizo ropa de pieles de animales para Adán y su esposa. **22** Luego el Señor Dios dijo: "Miren, los seres humanos se han vuelto como nosotros, con conocimiento del bien y del mal. ¿Y qué ocurrirá si toman el fruto del árbol de la vida y lo comen? ¡Entonces vivirán para siempre!". **23** Así que el Señor Dios los expulsó del jardín de Edén y envió a Adán a cultivar la tierra de la cual él había sido formado. **24** Después de expulsarlos, el Señor Dios puso querubines poderosos al oriente del jardín de Edén; y colocó una espada de fuego ardiente, que destellaba al moverse de un lado a otro, a fin de custodiar el camino hacia el árbol de la vida.

13. **Job 1:1-12:** Había un hombre llamado Job que vivía en la tierra de Uz. Era un hombre intachable, de absoluta integridad, que tenía temor de Dios y se mantenía apartado del mal. [2] Tenía siete hijos y tres hijas. [3] Poseía siete mil ovejas, tres mil camellos, quinientas yuntas de bueyes y quinientas burras; también tenía muchos sirvientes. En realidad, era la persona más rica de toda aquella región. [4] Los hijos de Job se turnaban en preparar banquetes en sus casas e invitaban a sus tres hermanas para que celebraran con ellos. [5] Cuando las fiestas terminaban, a veces después de varios días, Job purificaba a sus hijos. Se levantaba temprano por la mañana y ofrecía una ofrenda quemada por cada uno de ellos, porque pensaba: "Quizá mis hijos hayan pecado y maldecido a Dios en el corazón". Esta era una práctica habitual de Job. [6] Un día los miembros de la corte celestial llegaron para presentarse delante del Señor, y el Acusador, Satanás, vino con ellos. [7] El Señor le preguntó a Satanás: "¿De dónde vienes?". Satanás contestó al Señor: "He estado recorriendo la tierra, observando todo lo que ocurre". [8] Entonces el Señor preguntó a Satanás: "¿Te has fijado en mi siervo Job? Es el mejor hombre en toda la tierra; es un hombre intachable y de absoluta integridad. Tiene temor de Dios y se mantiene apartado del mal". [9] Satanás le respondió al Señor: "Sí, pero Job tiene una buena razón para temer a Dios: [10] siempre has puesto un muro de protección alrededor de él, de su casa y de sus propiedades. Has hecho prosperar todo lo que hace. ¡Mira lo rico que es! [11] Así que extiende tu mano y quítale todo lo que tiene, ¡ten por seguro que te maldecirá en tu propia cara!". [12] "Muy bien, puedes probarlo", dijo el Señor a Satanás. "Haz lo que quieras con todo lo que posee, pero no le hagas ningún daño físico". Entonces Satanás salió de la presencia del Señor.

14. **Lucas 22:31-32:** "Simón, Simón, Satanás ha pedido zarandear a cada uno de ustedes como si fueran trigo; [32] pero yo he rogado en

oración por ti, Simón, para que tu fe no falle, de modo que cuando te arrepientas y vuelvas a mí fortalezcas a tus hermanos".

15. **Lucas 22:3:** Entonces Satanás entró en Judas Iscariote, uno de los doce discípulos.

16. **Hechos 10:38:** Y saben que Dios ungió a Jesús de Nazaret con el Espíritu Santo y con poder. Después Jesús anduvo haciendo el bien y sanando a todos los que eran oprimidos por el diablo, porque Dios estaba con él.

17. **1 Tesalonicenses 2:18:** Teníamos muchas ganas de visitarlos de nuevo, y yo, Pablo, lo intenté una y otra vez, pero Satanás nos lo impidió.

18. **1 Pedro 5:8-9:** ¡Estén alerta! Cuídense de su gran enemigo, el diablo, porque anda al acecho como un león rugiente, buscando a quién devorar. [9] Manténganse firmes contra él y sean fuertes en su fe. Recuerden que su familia de creyentes en todo el mundo también está pasando por el mismo sufrimiento.

19. **2 Corintios 12:7:** Aun cuando he recibido de Dios revelaciones tan maravillosas. Así que, para impedir que me volviera orgulloso, se me dio una espina en mi carne, un mensajero de Satanás para atormentarme e impedir que me volviera orgulloso.

20. **Marcos 5:1-15:** Entonces llegaron al otro lado del lago, a la región de los gerasenos. [2] Cuando Jesús bajó de la barca, un hombre poseído por un espíritu maligno salió del cementerio a su encuentro. [3] Este hombre vivía entre las cuevas de entierro y ya nadie podía sujetarlo ni siquiera con cadenas. [4] Siempre que lo ataban con cadenas y grilletes, lo cual le hacían a menudo, él rompía las cadenas de sus muñecas y destrozaba los grilletes. No había nadie con suficiente fuerza para someterlo. [5] Día y noche vagaba entre las cuevas donde enterraban a los muertos y por las colinas, aullando y cortándose con piedras afiladas. [6] Cuando Jesús todavía estaba a cierta distancia, el hombre lo vio, corrió a su encuentro y

se inclinó delante de él. **7** Dando un alarido, gritó: "¿Por qué te entrometes conmigo, Jesús, Hijo del Dios Altísimo? ¡En el nombre de Dios, te suplico que no me tortures!". **8** Pues Jesús ya le había dicho al espíritu: "Sal de este hombre, espíritu maligno". **9** Entonces Jesús le preguntó: "¿Cómo te llamas?". Y él contestó: "Me llamo Legión, porque somos muchos los que estamos dentro de este hombre". **10** Entonces los espíritus malignos le suplicaron una y otra vez que no los enviara a un lugar lejano. **11** Sucedió que había una gran manada de cerdos alimentándose en una ladera cercana. **12** "Envíanos a esos cerdos", suplicaron los espíritus. "Déjanos entrar en ellos". **13** Entonces Jesús les dio permiso. Los espíritus malignos salieron del hombre y entraron en los cerdos, y toda la manada de unos dos mil cerdos se lanzó al lago por el precipicio y se ahogó en el agua. **14** Los hombres que cuidaban los cerdos huyeron a la ciudad cercana y sus alrededores, difundiendo la noticia mientras corrían. La gente salió corriendo para ver lo que había pasado. **15** Pronto una multitud se juntó alrededor de Jesús, y todos vieron al hombre que había estado poseído por la legión de demonios. Se encontraba sentado allí, completamente vestido y en su sano juicio, y todos tuvieron miedo.

21. **Lucas 8:26-29:** Luego llegaron a la región de los gerasenos, al otro lado del lago de Galilea.**27** Mientras Jesús bajaba de la barca, un hombre que estaba poseído por demonios salió a su encuentro. Por mucho tiempo, había estado desnudo y sin hogar, y vivía en un cementerio, en las afueras de la ciudad. **28** En cuanto vio a Jesús, soltó un alarido y cayó al suelo frente a él, y gritó: "¿Por qué te entrometes conmigo, Jesús, Hijo del Dios Altísimo? ¡Por favor, te suplico que no me tortures!". **29** Pues Jesús ya le había ordenado al espíritu maligno que saliera del hombre. Ese espíritu a menudo tomaba control de él. Aun cuando el hombre estaba bajo custodia, con cadenas y grilletes, simplemente los rompía y se escapaba al desierto, totalmente controlado por el demonio.

22. **Lucas 13:11:** Vio a una mujer que estaba lisiada a causa de un espíritu maligno. Había estado encorvada durante dieciocho años y no podía ponerse derecha.

23. **Mateo 12:22:** Luego le llevaron a Jesús a un hombre ciego y mudo que estaba poseído por un demonio. Jesús sanó al hombre para que pudiera hablar y ver.

24. **Mateo 12:24:** Pero cuando los fariseos oyeron del milagro, dijeron: "Con razón puede expulsar demonios. Él recibe su poder de Satanás, el príncipe de los demonios".

25. **Daniel 10:13:** Pero durante veintiún días el espíritu príncipe del reino de Persia me impidió el paso. Entonces vino a ayudarme Miguel, uno de los arcángeles, y lo dejé allí con el espíritu príncipe del reino de Persia.

26. **Efesios 6:10-12:** Una palabra final: sean fuertes en el Señor y en su gran poder. [11] Pónganse toda la armadura de Dios para poder mantenerse firmes contra todas las estrategias del diablo. [12] Pues no luchamos contra enemigos de carne y hueso, sino contra gobernadores malignos y autoridades del mundo invisible, contra fuerzas poderosas de este mundo tenebroso y contra espíritus malignos de los lugares celestiales.

27. **Lucas 4:5-6:** Entonces el diablo lo llevó [a Jesús] a una parte alta y desplegó ante él todos los reinos del mundo en un solo instante. [6] "Te daré la gloria de estos reinos y autoridad sobre ellos", le dijo el diablo, "porque son míos para dárselos a quien yo quiera".

28. **Juan 12:31:** Ha llegado el tiempo de juzgar a este mundo, cuando Satanás, quien gobierna este mundo, será expulsado.

29. **2 Corintios 4:3-4:** Si la Buena Noticia que predicamos está escondida detrás de un velo, solo está oculta de la gente que se pierde. [4] Satanás, quien es el dios de este mundo, ha cegado la mente de los que no creen. Son incapaces de ver la gloriosa luz de

la Buena Noticia. No entienden este mensaje acerca de la gloria de Cristo, quien es la imagen exacta de Dios.

30. **1 Juan 5:19:** Sabemos que somos hijos de Dios y que el mundo que nos rodea está controlado por el maligno.

31. **Efesios 2:1-2:** Antes ustedes estaban muertos a causa de su desobediencia y sus muchos pecados. [2] Vivían en pecado, igual que el resto de la gente, obedeciendo al diablo, el líder de los poderes del mundo invisible, quien es el espíritu que actúa en el corazón de los que se niegan a obedecer a Dios.

32. **Josué 24:15:** Pero si te niegas a servir al Señor, elige hoy mismo a quién servirás. ¿Acaso optarás por los dioses que tus antepasados sirvieron del otro lado del Éufrates? ¿O preferirás a los dioses de los amorreos, en cuya tierra ahora vives? Pero en cuanto a mí y a mi familia, nosotros serviremos al Señor.

33. **2 Timoteo 2:25-26:** Instruye con ternura a los que se oponen a la verdad. Tal vez Dios les cambie el corazón, y aprendan la verdad. [26] Entonces entrarán en razón y escaparán de la trampa del diablo. Pues él los ha tenido cautivos, para que hagan lo que él quiere.

34. **Mateo 12:30:** [Jesús dijo:] El que no está conmigo, a mí se opone, y el que no trabaja conmigo, en realidad, trabaja en mi contra.

35. **1 Juan 3:9-10:** Los que han nacido en la familia de Dios no se caracterizan por practicar el pecado, porque la vida de Dios está en ellos. Así que no pueden seguir pecando, porque son hijos de Dios. [10] Por lo tanto, podemos identificar quiénes son hijos de Dios y quiénes son hijos del diablo. Todo el que no se conduce con rectitud y no ama a los creyentes no pertenece a Dios.

36. **Hechos 26:15-18:** "¿Quién eres, señor?", pregunté. Y el Señor contestó: "Yo soy Jesús, a quien tú persigues. [16] Ahora, ¡levántate! Pues me aparecí ante ti para designarte como mi siervo y testigo. Dile a la gente que me has visto y lo que te mostraré en el futuro. [17] Y

yo te rescataré de tu propia gente y de los gentiles. Sí, te envío a los gentiles [18] para que les abras los ojos, a fin de que pasen de la oscuridad a la luz, y del poder de Satanás a Dios. Entonces recibirán el perdón de sus pecados y se les dará un lugar entre el pueblo de Dios, el cual es apartado por la fe en mí".

37. **Apocalipsis 3:15-16:** Yo sé todo lo que haces, que no eres ni frío ni caliente. ¡Cómo quisiera que fueras lo uno o lo otro!; [16] pero ya que eres tibio, ni frío ni caliente, ¡te escupiré de mi boca!

38. **Lucas 8:12:** Las semillas que cayeron en el camino representan a los que oyen el mensaje, pero viene el diablo, se lo quita del corazón e impide que crean y sean salvos.

39. **Judas 1:9:** Pero ni siquiera Miguel, uno de los ángeles más poderosos, se atrevió a acusar al diablo de blasfemia, sino que simplemente le dijo: "¡Que el Señor te reprenda!". (Esto ocurrió cuando Miguel disputaba con el diablo acerca del cuerpo de Moisés).

40. **Deuteronomio 18:9-14:** "Cuando entres en la tierra que el Señor tu Dios te da, ten mucho cuidado de no imitar las costumbres detestables de las naciones que viven allí. [10] Por ejemplo, jamás sacrifiques a tu hijo o a tu hija como una ofrenda quemada. Tampoco permitas que el pueblo practique la adivinación, ni la hechicería, ni que haga interpretación de agüeros, ni se mezcle en brujerías, [11] ni haga conjuros; tampoco permitas que alguien se preste a actuar como médium o vidente, ni que invoque el espíritu de los muertos. [12] Cualquiera que practique esas cosas es detestable a los ojos del Señor. Precisamente porque las otras naciones hicieron esas cosas detestables, el Señor tu Dios las expulsará de tu paso. [13] Sin embargo, tú debes ser intachable delante del Señor tu Dios. [14] Las naciones que estás por desplazar consultan a los adivinos y a los hechiceros, pero el Señor tu Dios te prohíbe hacer esas cosas".

41. **Isaías 8:19:** Tal vez alguien les diga: "Preguntemos a los médiums y a los que consultan los espíritus de los muertos; con sus susurros y balbuceos nos dirán qué debemos hacer". Pero ¿acaso no deberá el pueblo pedirle a Dios que lo guíe? ¿Deberían los vivos buscar orientación de los muertos?

42. **Santiago 4:7:** Así que humíllense delante de Dios. Resistan al diablo, y él huirá de ustedes.

43. **Efesios 6:13-18:** Por lo tanto, pónganse todas las piezas de la armadura de Dios para poder resistir al enemigo en el tiempo del mal. Así, después de la batalla, todavía seguirán de pie, firmes. [14] Defiendan su posición, poniéndose el cinturón de la verdad y la coraza de la justicia de Dios. [15] Pónganse como calzado la paz que proviene de la Buena Noticia a fin de estar completamente preparados. [16] Además de todo eso, levanten el escudo de la fe para detener las flechas encendidas del diablo. [17] Pónganse la salvación como casco y tomen la espada del Espíritu, la cual es la palabra de Dios. [18] Oren en el Espíritu en todo momento y en toda ocasión. Manténganse alerta y sean persistentes en sus oraciones por todos los creyentes en todas partes.

44. **2 Tesalonicenses 2:9-10:** Ese hombre vendrá a hacer la obra de Satanás con poder, señales y milagros falsos. [10] Se valdrá de toda clase de mentiras malignas para engañar a los que van rumbo a la destrucción, porque se niegan a amar y a aceptar la verdad que los salvaría.

45. **Apocalipsis 16:14:** Estos son espíritus de demonios que hacen milagros y salen a reunir a todos los gobernantes del mundo para pelear contra el Señor en la batalla del gran día del juicio de Dios, el Todopoderoso.

46. **Apocalipsis 19:20:** Y la bestia fue capturada, y junto con ella, el falso profeta que hacía grandes milagros en nombre de la bestia; milagros que engañaban a todos los que habían aceptado la marca

de la bestia y adorado a su estatua. Tanto la bestia como el falso profeta fueron lanzados vivos al lago de fuego que arde con azufre.

47. **Apocalipsis 13:11-15:** Luego vi a otra bestia; esta salía de la tierra. Tenía dos cuernos como los de un cordero, pero hablaba con la voz de un dragón. [12] Ejercía toda la autoridad de la primera bestia y exigía que toda la tierra y sus habitantes adoraran a la primera bestia, la que se había recuperado de su herida mortal. [13] Hacía milagros asombrosos, incluso que cayera fuego del cielo a la tierra mientras todos observaban. [14] Con los milagros que se le permitió hacer en nombre de la primera bestia, engañó a todos los que pertenecen a este mundo. Les ordenó que hicieran una gran estatua de la primera bestia, la que estaba herida de muerte y después volvió a la vida. [15] Luego se le permitió dar vida a esa estatua para que pudiera hablar. Entonces la estatua de la bestia ordenó que todo el que se negara a adorarla debía morir.

48. **Apocalipsis 20:7-10:** Cuando se cumplan los mil años, Satanás será liberado de su prisión. [8] Saldrá para engañar a las naciones, llamadas Gog y Magog, por todos los extremos de la tierra. Las reunirá a todas para la batalla: un poderoso ejército tan incalculable como la arena de la orilla del mar. [9] Y los vi cuando subían por toda la anchura de la tierra y rodeaban al pueblo de Dios y a la ciudad amada; pero cayó fuego del cielo sobre el ejército que atacaba y lo consumió. [10] Después el diablo, que los había engañado, fue lanzado al lago de fuego que arde con azufre, donde ya estaban la bestia y el falso profeta. Allí serán atormentados día y noche por siempre jamás.

49. **Mateo 25:41:** Luego el Rey se dirigirá a los de la izquierda y dirá: "¡Fuera de aquí, ustedes, los malditos, al fuego eterno preparado para el diablo y sus demonios!"

50. **Proverbios 3:5-6:** Confía en el Señor con todo tu corazón; no dependas de tu propio entendimiento. [6] Busca su voluntad en todo lo que hagas, y él te mostrará cuál camino tomar.

51. **Proverbios 4:10-13:** Hijo mío, escúchame y haz lo que te digo, y tendrás una buena y larga vida. [11] Te enseñaré los caminos de la sabiduría y te guiaré por sendas rectas. [12] Cuando camines, no te detendrán; cuando corras, no tropezarás. [13] Aférrate a mis instrucciones, no las dejes ir; cuídalas bien, porque son la clave de la vida.

CAPÍTULO DIEZ
BAUTISMO

El bautismo es una demostración visible del cambio espiritual que ocurre en nuestros corazones después de recibir la salvación de nuestro Señor Jesucristo. Por lo regular, hay una serie de eventos que culminan en el bautismo. En primer lugar, nos damos cuenta de que hemos pecado contra Dios y que necesitamos su perdón. Luego nos arrepentimos, lo cual es una decisión que tomamos para cambiar la dirección de nuestras vidas y volvernos hacia Dios. El próximo paso que tomamos es el de ser bautizados (Mateo 3:6[1]; Lucas 3:3[2]).

El bautismo es uno de los pocos mandamientos que dio el Señor a sus seguidores y tiene un profundo significado espiritual. Es un acto público de nuestro arrepentimiento interno y de nuestra voluntad de amar a Dios (Marcos 1:4[3]). El bautismo es simbólico de la 'muerte', 'entierro' y 'resurrección' que experimentamos como discípulos de Jesús. Esto puede sonar morboso, pero la Biblia explica este proceso como un renacimiento; literalmente volver a nacer. En esta luz podemos ver que el bautismo representa 'morir' a nuestra vida antigua (sumergirnos en el agua) y ser 'levantados' a nuestra nueva vida en Cristo (salir del agua) (Romanos 6:1-4[4]; 7:4[5]).

El pecado y el egoísmo están tan arraigados en nosotros que debemos hacerlos morir para que podamos recibir la nueva vida que Jesús nos ofrece (2 Corintios 5:17[6]; Colosenses 3:5[7]). Por supuesto, ¡el hecho de que recibamos una vida diferente de Dios no significa que todas nuestras decisiones de ahora en adelante serán perfectas! Nuestra vieja naturaleza, la parte de nosotros que siempre está en conflicto con Dios, seguirá con nosotros hasta que estemos con el Señor en la eternidad.

Sin embargo, ¡una nueva vida es posible! Cuando volvemos a nacer, Dios nos imparte el mismo poder con el que levantó a Jesús de los muertos, el poder de Dios: el Espíritu Santo (Hechos 2:38[8]). En verdad podemos tener nuevos pensamientos, sentimientos, acciones y formas de hablar porque como cristianos, el Espíritu Santo ahora vive en nosotros. Desesperadamente necesitamos su fortaleza en nuestras vidas porque siempre vamos a batallar con nuestra vieja naturaleza, con influencias externas y con el diablo. Aun Jesús fue bautizado antes de ser tentado por Satanás en el desierto (Marcos 1:9-13[9]).

Conforme nos volvamos uno con Jesús por medio del bautismo, empezaremos a desarrollar la fuerza y el deseo de escoger el bien sobre el mal, la obediencia sobre la rebelión y la vida espiritual sobre la muerte (Gálatas 3:27[10]). Ganaremos un entendimiento más profundo, la capacidad de pelear contra el pecado y la sabiduría y poder para deshacernos de nuestros viejos estilos de vida. Incluso vamos a perder el miedo a la muerte (Hebreos 2:10-15[11]).

Además, nos convertimos en 'coherederos' con Jesús, lo cual significa que todas las promesas de Cristo ahora también nos pertenecen a nosotros (Gálatas 3:26-29[12]). Hay una nueva esperanza para nosotros porque ahora podemos vivir una vida digna aquí en la tierra. Conforme somos 'crucificados', 'enterrados' y 'resucitados' con Cristo por medio del bautismo, también obtenemos una esperanza de que en el futuro recibiremos nuevos cuerpos resucitados y viviremos con Cristo por siempre después de morir (Romanos 6:5-7[13]; 1 Tesalonicenses 5:10[14]).

Somos Familia

La Biblia dice que conforme recibimos a Jesús en nuestros corazones y somos bautizados, nos convertimos en verdaderos hijos de Dios, conectados e identificados con Cristo y su Iglesia. El bautismo proclama nuestra nueva familia: aquellos que amamos a Jesús y que deseamos que nuestras vidas estén **unidas** con las de ellos (1 Corintios 12:13[15]; Efesios 4:1-6[16]).

La palabra griega para "unir" significa "apegarse" (colgarse), "como con pegamento"; "juntarse" o "estar conectados íntimamente en amistad". La Iglesia ahora es nuestra verdadera familia porque una unión espiritual es más profunda que una de sangre. Por eso podemos conocer a otros cristianos de cualquier nación, tribu o idioma y sentir una conexión con ellos.

De hecho, Jesús dice que solo la gente que hace la voluntad de su Padre es parte de su familia legítima. Esto significa que no pasaremos la eternidad con nuestra familia biológica a menos que ellos se hayan arrepentido y comprometido sus vidas a Jesús (Mateo 12:47-50[17]). En otras palabras, lo espiritual triunfa sobre lo físico. La única familia en la que pasaremos la eternidad en la presencia de Dios estará formada por otros auténticos discípulos de Cristo (1 Tesalonicenses 4:13-18[18]). Ojalá esto te sirva de inspiración para comenzar a rezar por tus familiares que aún no son salvos y para que les hables de Jesús.

¿Remojar En Agua O Salpicar?

La palabra original griega para "bautizo" es *baptizo,* la cual significa literalmente "sumergido" (completamente mojado) o "cubierto completamente en líquido". Juan el Bautista frecuentemente bautizaba a la gente en el río Jordán y lo hacía específicamente donde había mucha agua (Juan 3:23[19]). Cuando Jesús, nuestro primer ejemplo, fue bautizado, la Biblia dice que "Él salió del agua". Esto significa que estuvo completamente sumergido (Mateo 3:16-17[20]). Notemos que Dios se sintió complacido con su Hijo durante este evento.

Algunas religiones creen que salpicarle agua a una persona es bautizar, pero si esto fuera así, Juan el Bautista hubiera podido bautizar en cualquier lugar. En efecto, la palabra griega que se usa para decir "salpicar" es algo completamente diferente. Es la palabra *rhantismos*, la cual describe la sangre que fue salpicada en el tabernáculo del templo en el Antiguo Testamento (Hebreos 9:18-22[21]) (El libro de Hebreos es de origen griego, pero a menudo hace referencia al Antiguo Testamento). Sin embargo, la 'sangre salpicada/sistema de sacrificio animal' se acabó cuando Cristo sacrificó su propia sangre para purificar a su pueblo y perdonar sus pecados (Hebreos 10:11-20[22]).

Por último, algunas religiones creen en bautizar a los bebés (salpicándolos), pero no hay Escrituras que hablen de bautizar a los niños. Los niños se pueden llevar ante la congregación para 'dedicárselos' al Señor. La razón por la cual no son bautizados cuando son pequeños es porque la Biblia nos dice que debemos arrepentirnos y confesar nuestra fe en Cristo antes de ser bautizados.

Esto requiere cierto nivel de madurez; lo que llamamos una 'edad de responsabilidad' que comienza alrededor de los 8 años, dependiendo del niño. Los bebés seguramente nacen con naturaleza pecaminosa, pero no son capaces de decidir para obedecer. Tampoco tienen dominio propio para no pecar o arrepentirse hasta que son más grandes. Es por esto que el bautismo infantil no se encuentra en la Biblia.

Yo sí entiendo que muchas de las personas que fueron salpicadas cuando eran niños, o que estaban muy enfermos para ser sumergidos en su bautismo, sí acepten su bautismo en sus corazones. Ellos confirman y entienden su bautismo cuando toman catecismo o clases de confirmación, una vez que se encuentran en la edad de responsabilidad. Mi deseo no es crear controversia. Yo simplemente indico lo que está escrito acerca del bautismo en la Biblia.

La Obediencia Es Una Señal De Amor

Conforme seguimos las directivas de nuestro Señor en el bautismo, le demostramos nuestro amor por Él. Me gusta pensar que la obediencia es una forma de decir "¡sí!" a Jesús, así como la novia que le da el "¡sí!" a su futuro esposo. Es hacerle saber a Jesús que pertenecemos completamente a Él y que deseamos dejar nuestra vida vieja atrás, aferrándonos a nuestra nueva identidad con Dios. Siempre nos beneficiaremos cuando obedezcamos al Señor de la forma en la que Él nos instruye.

Jesús nos dice: "Toma tu cruz y sígueme" (Lucas 9:23-24[23]). Él quiere que seamos completamente devotos a Él, que "amemos al Señor con todo nuestro corazón, mente, alma y fuerza" (Deuteronomio 6:4-9[24]; Mateo 22:37-40[25]). Él se deleita cuando escogemos amarlo y obedecerle a pesar de las consecuencias.

El bautismo es tan solo otra forma hermosa de demostrar nuestro compromiso con Jesús

CAPÍTULO 10
Versículos de Escrituras

1. **Mateo 3:6:** Y cuando confesaban sus pecados, él las bautizaba en el río Jordán.

2. **Lucas 3:3:** Entonces Juan fue de un lugar a otro, por ambos lados del río Jordán, predicando que la gente debía ser bautizada para demostrar que se había arrepentido de sus pecados y vuelto a Dios para ser perdonada.

3. **Marcos 1:4:** Ese mensajero era Juan el Bautista. Estaba en el desierto y predicaba que la gente debía ser bautizada para demostrar que se había arrepentido de sus pecados y vuelto a Dios para ser perdonada.

4. **Romanos 6:1-4:** Ahora bien, ¿deberíamos seguir pecando para que Dios nos muestre más y más su gracia maravillosa? ² ¡Por supuesto que no! Nosotros hemos muerto al pecado, entonces, ¿cómo es posible que sigamos viviendo en pecado? ³ ¿O acaso olvidaron que, cuando fuimos unidos a Cristo Jesús en el bautismo, nos unimos a él en su muerte? ⁴ Pues hemos muerto y fuimos sepultados con Cristo mediante el bautismo; y tal como Cristo fue levantado de los muertos por el poder glorioso del Padre, ahora nosotros también podemos vivir una vida nueva.

5. **Romanos 7:4:** Por lo tanto, mis amados hermanos, la cuestión es la siguiente: ustedes murieron al poder de la ley cuando murieron con Cristo y ahora están unidos a aquel que fue levantado de los muertos. Como resultado, podemos producir una cosecha de buenas acciones para Dios.

6. **2 Corintios 5:17:** Esto significa que todo el que pertenece a Cristo se ha convertido en una persona nueva. La vida antigua ha pasado; ¡una nueva vida ha comenzado!

7. **Colosenses 3:5:** Así que hagan morir las cosas pecaminosas y terrenales que acechan dentro de ustedes. No tengan nada que ver con la inmoralidad sexual, la impureza, las bajas pasiones y los malos deseos. No sean avaros, pues la persona avara es idólatra porque adora las cosas de este mundo.

8. **Hechos 2:38:** Pedro contestó: "Cada uno de ustedes debe arrepentirse de sus pecados y volver a Dios, y ser bautizado en el nombre de Jesucristo para el perdón de sus pecados. Entonces recibirán el regalo del Espíritu Santo".

9. **Marcos 1:9-13:** Cierto día, Jesús llegó de Nazaret de Galilea, y Juan lo bautizó en el río Jordán. [10] Cuando Jesús salió del agua, vio que el cielo se abría y el Espíritu Santo descendía sobre él como una paloma. [11] Y una voz dijo desde el cielo: "Tú eres mi Hijo muy amado y me das gran gozo". [12] Luego el Espíritu lo impulsó a ir al desierto, [13] donde Jesús fue tentado por Satanás durante cuarenta días. Estaba a la intemperie entre los animales salvajes, y los ángeles lo cuidaban.

10. **Gálatas 3:27:** Y todos los que fueron unidos a Cristo en el bautismo se han puesto a Cristo como si se pusieran ropa nueva.

11. **Hebreos 2:10-15:** Dios, para quien y por medio de quien todo fue hecho, eligió llevar a muchos hijos a la gloria. Convenía a Dios que, mediante el sufrimiento, hiciera a Jesús un líder perfecto, apto para llevarlos a la salvación. [11] Por lo tanto, Jesús y los que él hace santos tienen el mismo Padre. Por esa razón, Jesús no se avergüenza de llamarlos sus hermanos, [12] pues le dijo a Dios: "Anunciaré tu nombre a mis hermanos. Entre tu pueblo reunido te alabaré". [13] También dijo: "Pondré mi confianza en él", es decir, "yo y los hijos que Dios me ha dado". [14] Debido a que los hijos de Dios son seres humanos, hechos de carne y sangre, el Hijo también se hizo de carne y sangre. Pues solo como ser humano podía morir y solo mediante la muerte podía quebrantar el poder del diablo, quien tenía el poder sobre la muerte. [15] Únicamente de esa manera el Hijo

podía libertar a todos los que vivían esclavizados por temor a la muerte.

12. **Gálatas 3:26-29:** Pues todos ustedes son hijos de Dios por la fe en Cristo Jesús. [27] Y todos los que fueron unidos a Cristo en el bautismo se han puesto a Cristo como si se pusieran ropa nueva. [28] Ya no hay judío ni gentil, esclavo ni libre, hombre ni mujer, porque todos ustedes son uno en Cristo Jesús. [29] Y ahora que pertenecen a Cristo, son verdaderos hijos de Abraham. Son sus herederos, y la promesa de Dios a Abraham les pertenece a ustedes.

13. **Romanos 6:5-7:** Dado que fuimos unidos a él en su muerte, también seremos resucitados como él. [6] Sabemos que nuestro antiguo ser pecaminoso fue crucificado con Cristo para que el pecado perdiera su poder en nuestra vida. Ya no somos esclavos del pecado. [7] Pues, cuando morimos con Cristo, fuimos liberados del poder del pecado.

14. **1 Tesalonicenses 5:10:** Cristo murió por nosotros para que, estemos vivos o muertos cuando regrese, podamos vivir con él para siempre.

15. **1 Corintios 12:13:** Entre nosotros hay algunos que son judíos y otros que son gentiles; algunos son esclavos, y otros son libres. Pero todos fuimos bautizados en un solo cuerpo por un mismo Espíritu, y todos compartimos el mismo Espíritu.

16. **Efesios 4:1-6:** Por lo tanto, yo, prisionero por servir al Señor, les suplico que lleven una vida digna del llamado que han recibido de Dios, porque en verdad han sido llamados. [2] Sean siempre humildes y amables. Sean pacientes unos con otros y tolérense las faltas por amor. [3] Hagan todo lo posible por mantenerse unidos en el Espíritu y enlazados mediante la paz. [4] Pues hay un solo cuerpo y un solo Espíritu, tal como ustedes fueron llamados a una misma esperanza gloriosa para el futuro. [5] Hay un solo Señor, una sola fe, un solo bautismo, [6] un solo Dios y Padre de todos, quien está sobre todos, en todos y vive por medio de todos.

17. **Mateo 2:47-50:** Alguien le dijo a Jesús: "Tu madre y tus hermanos están parados afuera y desean hablar contigo". [48] Jesús preguntó: "¿Quién es mi madre? ¿Quiénes son mis hermanos?". [49] Luego señaló a sus discípulos y dijo: "Miren, estos son mi madre y mis hermanos. [50] Pues todo el que hace la voluntad de mi Padre que está en el cielo es mi hermano y mi hermana y mi madre".

18. **1 Tesalonicenses 4:13-18:** Y ahora, amados hermanos, queremos que sepan lo que sucederá con los creyentes que han muerto, para que no se entristezcan como los que no tienen esperanza. [14] Pues, ya que creemos que Jesús murió y resucitó, también creemos que cuando Jesús vuelva, Dios traerá junto con él a los creyentes que hayan muerto. [15] Les decimos lo siguiente de parte del Señor: nosotros, los que todavía estemos vivos cuando el Señor regrese, no nos encontraremos con él antes de los que ya hayan muerto. [16] Pues el Señor mismo descenderá del cielo con un grito de mando, con voz de arcángel y con el llamado de trompeta de Dios. Primero, los creyentes que hayan muerto se levantarán de sus tumbas. [17] Luego, junto con ellos, nosotros, los que aún sigamos vivos sobre la tierra, seremos arrebatados en las nubes para encontrarnos con el Señor en el aire. Entonces estaremos con el Señor para siempre. [18] Así que anímense unos a otros con estas palabras.

19. **Juan 3:23:** En ese tiempo, Juan el Bautista bautizaba en Enón, cerca de Salim, porque allí había mucha agua; y la gente iba a él para ser bautizada.

20. **Mateo 3:16-17:** Después del bautismo, mientras Jesús salía del agua, los cielos se abrieron y vio al Espíritu de Dios que descendía sobre él como una paloma. [17] Y una voz dijo desde el cielo: "Este es mi Hijo muy amado, quien me da gran gozo".

21. **Hebreos 9:18-22:** Por eso, aun el primer pacto fue puesto en vigencia con la sangre de un animal.[19] Pues después de que Moisés había leído cada uno de los mandamientos de Dios a todo el pueblo,

tomó la sangre de los becerros y las cabras junto con agua, y roció tanto el libro de la ley de Dios como a todo el pueblo con ramas de hisopo y lana de color escarlata. [20] Entonces dijo: "Esta sangre confirma el pacto que Dios ha hecho con ustedes". [21] De la misma manera roció con la sangre el tabernáculo y todo lo que se usaba para adorar a Dios. [22] De hecho, según la ley de Moisés, casi todo se purificaba con sangre porque sin derramamiento de sangre no hay perdón.

22. **Hebreos 10:11-18:** Bajo el antiguo pacto, el sacerdote oficia de pie delante del altar día tras día, ofreciendo los mismos sacrificios una y otra vez, los cuales nunca pueden quitar los pecados; [12] pero nuestro Sumo Sacerdote se ofreció a sí mismo a Dios como un solo sacrificio por los pecados, válido para siempre. Luego se sentó en el lugar de honor, a la derecha de Dios. [13] Allí espera hasta que sus enemigos sean humillados y puestos por debajo de sus pies. [14] Pues mediante esa única ofrenda, él perfeccionó para siempre a los que está haciendo santos. [15] Y el Espíritu Santo también da testimonio de que es verdad, pues dice: [16] "Este es el nuevo pacto que haré con mi pueblo en aquel día, dice el Señor: Pondré mis leyes en su corazón y las escribiré en su mente". [17] Después dice: "Nunca más me acordaré de sus pecados y sus transgresiones". [18] Y cuando los pecados han sido perdonados, ya no hace falta ofrecer más sacrificios.

23. **Lucas 9:23-24:** Entonces dijo a la multitud: "Si alguno de ustedes quiere ser mi seguidor, tiene que abandonar su manera egoísta de vivir, tomar su cruz cada día y seguirme. [24] Si tratas de aferrarte a la vida, la perderás, pero si entregas tu vida por mi causa, la salvarás".

24. **Deuteronomio 6:4-9:** "¡Escucha, Israel! El Señor es nuestro Dios, solamente el Señor. [5] Ama al Señor tu Dios con todo tu corazón, con toda tu alma y con todas tus fuerzas. [6] Debes comprometerte con todo tu ser a cumplir cada uno de estos mandatos que hoy te entrego. [7] Repíteselos a tus hijos una y otra vez. Habla de ellos en

tus conversaciones cuando estés en tu casa y cuando vayas por el camino, cuando te acuestes y cuando te levantes. [8] Átalos a tus manos y llévalos sobre la frente como un recordatorio. [9] Escríbelos en los marcos de la entrada de tu casa y sobre las puertas de la ciudad".

25. **Mateo 22:37-40:** Jesús contestó: "'Ama al Señor tu Dios con todo tu corazón, con toda tu alma y con toda tu mente'. [38] Este es el primer mandamiento y el más importante. [39] Hay un segundo mandamiento que es igualmente importante: 'Ama a tu prójimo como a ti mismo'. [40] Toda la ley y las exigencias de los profetas se basan en estos dos mandamientos".

CAPÍTULO 11
DIEZMO

El dinero es probablemente uno de los temas más difíciles de platicar. Crea más ansiedad que cualquier otro tema en la vida. El dinero prácticamente encabeza la lista de las cosas por las cuales la gente discute y ha destruido un sinnúmero de relaciones. Naturalmente, cuando Dios nos pide que demos el diezmo, que regresemos a Él una porción de nuestras finanzas, ¡nosotros ponemos excusas y nos volvemos muy defensivos! ¿Por qué el dinero crea tanta emoción en nosotros?

Jesús hablaba sobre el dinero casi más que de otras cosas en la Biblia. Él sabía que se nos haría difícil compartir, dar, administrar y desprendernos del dinero para Él y para otros que son menos afortunados que nosotros. Esto es porque el dinero representa nuestro sudor, sangre y lágrimas. Ciertamente, es un reflejo del estilo de vida que hemos escogido vivir.

El dinero nos permite vivir más cómodos. Puede darnos un sentido de seguridad, pero también puede ser mal utilizado y sobrevalorado. Cuando permitimos que nuestro propio valor esté ligado a nuestras ganancias, estamos en peligro porque el dinero es difícil de predecir. Podemos perder todo en un instante debido a una enfermedad, un accidente o una catástrofe.

Es precisamente por esto que Dios nos pide que le entreguemos una parte de nuestras finanzas. Él quiere ser nuestro conforte y nuestra seguridad porque Él sabe que es el único que es absolutamente estable en el universo. Todo cambia, excepto Dios. Aún más importante: Él quiere ser quien imparta valor genuino a nuestras vidas.

¿Qué Es Un Diezmo?

La palabra "diezmo" significa "una décima". Es una directiva bíblica que comenzó en el Antiguo Testamento (Génesis 28:22[1]). Dios mismo estableció el diezmo para que su pueblo pudiera demostrar su gratitud por todo lo que Él había hecho por ellos (Números 18:25-29[2]). Los israelitas le regresaban a Él una porción de lo que Él ya les había dado para que entendieran que no eran autosuficientes.

Devolver el diezmo de su mejor trabajo y productos al Señor también era una manera de prevenir que la gente se volviera orgullosa y egoísta. Les enseñó a respetar a Dios, pues Él es literalmente el dueño del cielo y de la tierra, y por lo tanto, Él merece ser glorificado (Deuteronomio 14:22-23[3]; Levítico 27:30[4]).

Además, el diezmo nos beneficia hoy de muchas maneras. ¡La verdad es que Dios no necesita nuestro dinero! Pero cuando le damos con amor lo que nosotros preferiríamos retener y guardar, aflojamos el puño de hierro con el que tenemos sujetadas nuestras finanzas. Cuando damos el diezmo, esencialmente admitimos que todo lo que tenemos viene de Dios, que debemos confiar en su provisión y que nos damos cuenta de que Él merece la mejor 'cosecha' de nuestras vidas.

¡Pero Yo No Quiero!

Yo he hablado con personas que van a la iglesia, leen la Biblia y oran, pero que se niegan a dar el diezmo. La verdadera actitud detrás de esta rebelión hacia Dios es orgullo, temor y avaricia. La gente dice: "No tengo suficiente dinero para sobrevivir. ¿Cómo es que debo dar dinero a Dios?" Ellos exclaman: "**Yo** me gané este dinero y ciertamente no lo voy a desperdiciar dándoselo a los pobres... ¡o a la Iglesia!" O pueden decir: "Dar diezmo es un ritual del Antiguo Testamento y no tiene nada que ver con mis circunstancias hoy en día".

Sin embargo, estas simplemente son excusas para evitar hacer lo que Dios les ha pedido hacer. La Biblia es clara acerca de las consecuencias de obedecer y desobedecer: cosechamos resultados positivos o negativos de nuestras decisiones. No te equivoques: Dios tiene mucho que decir de la persona avara (Efesios 5:5[5]; Colosenses 3:5[6]; 2 Timoteo 3:1-5[7]). De hecho, ¡la avaricia está en la misma categoría que el homicidio y el odio (Romanos 1:29-32[8])!

Además, la gente que se niega a diezmar no se da cuenta de que es un verdadero gozo y algo liberador dar a Dios lo que ya es de Él y que merece. Gran parte del temor que experimentamos al perder o no saber cómo administrar nuestras finanzas disminuye cuando actuamos de acuerdo con la voluntad de Dios.

Diezmos Y Ofrendas

Jesús mismo nos dice que demos el diezmo (Mateo 23:23[9]). Cuando se trata del diezmo, la única diferencia entre el Antiguo y el Nuevo Testamento es la porción de nuestro dinero. Si tienes mucho, das mucho. Si tienes poco, das menos (2 Corintios 8:1-15[10]). Tu diezmo puede ser semanal o mensual en práctica, como tú lo prefieras.

Además, no solamente es bíblico diezmar, sino que también es lógico. ¡Las iglesias y sus trabajadores necesitan dinero para operar! De igual manera, es el plan de Dios que su pueblo provea para aquellos que ministran y obran por su reino (1 Corintios 9:13-14[11]; Gálatas 6:6[12]).

Personalmente, la razón principal por la que yo doy mi diezmo es porque amo a Jesús. Es mi honor y privilegio regresarle parte de lo que Él tan generosamente me ha dado, lo cual es mucho más que bendiciones materiales. Además, la Biblia nos dice que la actitud con la cual damos es tan significativa para Dios como la cantidad misma (2 Corintios 9:5-15[13]). ¡Dios se deleita en el que da con alegría!

Una ofrenda es un regalo que se da aparte del diezmo. Puedes dar en cualquier momento en el que haya necesidades en tu iglesia o cuando el Señor te dirija a ayudar a alguien. Este es dinero aparte de lo que doy a los misioneros, a los pobres y a otros creyentes que pueden estar necesitados (Deuteronomio 16:0-10[14]).

Conforme voy confiando más en Dios, me doy cuenta de que soy más generosa. Él nunca me ha fallado. Yo he cosechado beneficios enormes por amar y obedecer a Dios en este tema. Gozo, paz y satisfacción llenan mi corazón cuando suelto el control de mis finanzas. Yo no 'doy para recibir', pero en la economía de Dios, tenemos la seguridad de cosechar lo bueno cuando vivimos conforme a la manera que Él desea.

El punto es este: nuestros diezmos y ofrendas deben ser entregados con un espíritu de amor y cariño para honrar verdaderamente al Señor. La verdad es que Él no quiere nuestro dinero si lo damos de mala gana o por sentirnos obligados (Lucas 11:42[15]). Él tampoco quiere lo que nos sobra; Él quiere lo mejor que podemos ofrecer (Deuteronomio 17:1[16]).

Principios De Dios Al Dar Y Recibir

La Biblia nos dice que los deseos de Dios y sus pensamientos están muy por encima de los nuestros (Isaías 55:8-9[17]). Su moralidad y valores son puros. Es por eso que su manera de hacer las cosas parece tan contraria a lo que nosotros pensamos que es correcto (Proverbios 16:25[18]). Esto no es más claro que cuando ayudamos. Cuando Dios nos pide que demos, especialmente cuando parece que no tenemos nada que ofrecer, esto podría parecer no tener sentido. Sin embargo, solo cuando seguimos sus directivas vamos a sentir ese 'gozo' especial del que habla la Biblia cuando damos sin ser egoístas (Hechos 20:33-35[19]).

Nuestro corazón, el cual 'alberga' nuestras intenciones internas, determina lo que decimos, hacemos y pensamos. Jesús dice: "Lo que hablas sale de tu corazón" (Lucas 6:45[20]). Asimismo, la verdadera señal de nuestra condición interna se refleja en el deseo y la habilidad que demostramos cuando ayudamos a los demás desinteresadamente y honramos a Dios. Lo que nos motiva de corazón es el aspecto más importante de nuestras vidas y es lo que más le concierne al Señor (Proverbios 4:23[21]; Mateo 15:16-20[22]).

Yo frecuentemente digo: "Si lo haces de acuerdo con la voluntad de Dios, tendrás resultados divinos. Si lo haces a tu manera, tendrás tus resultados". ¡Yo me he dado cuenta muchas veces de que 'mis resultados' me han decepcionado! Hay un sinnúmero de individuos que han sentido gozo, paz y satisfacción porque han cambiado su forma de ser y han escogido los caminos del Señor.

Cuando amamos y confiamos en Dios, naturalmente le obedeceremos y le serviremos cuando servimos a los demás. Cuando somos generosos con nuestro tiempo, talento y riquezas, sentiremos gran gozo y favor (Salmo 112[23]). Ahora, ¡esto no quiere decir que nos vamos a hacer ricos por ser generosos! Sin embargo, nuestro enfoque cambiará de solo pensar en nosotros mismos a preocuparnos por los demás.

Muchas veces recibiremos paz y satisfacción como recompensa por dar lo mejor de nosotros. No desestimemos el tremendo poder de nuestra recompensa celestial, ¡pues será más espléndida de lo que podemos imaginar! Esta generosa forma de vivir va conforme al gran diseño de Dios para nosotros. Él brindará honor a una vida así (Lucas 6:38[24]).

Por el contrario, ser avaros con nuestro dinero solo nos da sufrimiento (Proverbios 1:19[25]; 2 Pedro 2:19[26]). Probablemente hayas escuchado el dicho de que el dinero es maligno, pero la Biblia en realidad dice: "Porque amar al dinero es la raíz de muchos males" (Eclesiastés 5:10-11[27]; 1 Timoteo 6:6-10[28]). El dinero en sí es neutral, pero el amor que le ponemos es lo que le da la habilidad de ser dañino. Este tipo de esclavitud es lo que Dios quiere evitarnos. Ciertamente, Dios es generoso y a Él le place cuando nosotros damos voluntariamente lo que tenemos de nuestros talentos y finanzas.

¡Hay gran libertad y gozo en ser generosos con alegría!

CAPÍTULO 11
Versículos de Escrituras

1. **Génesis 28:22:** Y esta piedra que levanté como columna conmemorativa será un lugar de adoración a Dios, y yo le daré a Dios una décima parte de todo lo que él me dé.

2. **Números 18:25-29:** El Señor también le dijo a Moisés: [26] "Da las siguientes instrucciones a los levitas: cuando reciban de los israelitas los diezmos que les he asignado como su porción, entreguen una décima parte de ellos, un diezmo de los diezmos, al Señor como ofrenda sagrada. [27] El Señor contará esta ofrenda de ustedes como una ofrenda de cosecha, como si fuera el primer grano de su propio campo de trillar o el vino de su propio lagar. [28] La décima parte de los diezmos que reciben de los israelitas, tendrán que presentarla como ofrenda sagrada para el Señor. Esta es la porción sagrada del Señor y tienen que presentarla al sacerdote Aarón. [29] De todas las ofrendas recibidas, asegúrense de dar lo mejor al Señor."

3. **Deuteronomio 14:22-23:** Deberás separar el diezmo de tus cosechas, es decir, la décima parte de todo lo que coseches cada año. [23] Lleva ese diezmo al lugar de adoración designado, el lugar que el Señor tu Dios elija para que su nombre sea honrado, y cómelo allí, en su presencia. Lo harás así con el diezmo de tus granos, tu vino nuevo, tu aceite de oliva y los machos de las primeras crías de tus rebaños y manadas. Esta práctica te enseñará a temer siempre al Señor tu Dios.

4. **Levítico 27:30:** La décima parte de los productos de la tierra, ya sea grano de los campos o fruto de los árboles, le pertenece al Señor y debe ser apartada, es santa para el Señor.

5. **Efesios 5:5:** Pueden estar seguros de que ninguna persona inmoral, impura o avara heredará el reino de Cristo y de Dios. Pues el avaro es un idólatra, que adora las cosas de este mundo.

6. **Colosenses 3:5:** Así que hagan morir las cosas pecaminosas y terrenales que acechan dentro de ustedes. No tengan nada que ver con la inmoralidad sexual, la impureza, las bajas pasiones y los malos deseos. No sean avaros, pues la persona avara es idólatra porque adora las cosas de este mundo.

7. **2 Timoteo 3:1-5:** Timoteo, es bueno que sepas que, en los últimos días, habrá tiempos muy difíciles. ² Pues la gente solo tendrá amor por sí misma y por su dinero. Serán fanfarrones y orgullosos, se burlarán de Dios, serán desobedientes a sus padres y malagradecidos. No considerarán nada sagrado. ³ No amarán ni perdonarán; calumniarán a otros y no tendrán control propio. Serán crueles y odiarán lo que es bueno. ⁴ Traicionarán a sus amigos, serán imprudentes, se llenarán de soberbia y amarán el placer en lugar de amar a Dios. ⁵ Actuarán como religiosos pero rechazarán el único poder capaz de hacerlos obedientes a Dios. ¡Aléjate de esa clase de individuos!

8. **Romanos 1:29-32:** Se llenaron de toda clase de perversiones, pecados, avaricia, odio, envidia, homicidios, peleas, engaños, conductas maliciosas y chismes. ³⁰ Son traidores, insolentes, arrogantes, fanfarrones y gente que odia a Dios. Inventan nuevas formas de pecar y desobedecen a sus padres. ³¹ No quieren entrar en razón, no cumplen lo que prometen, son crueles y no tienen compasión. ³² Saben bien que la justicia de Dios exige que los que hacen esas cosas merecen morir; pero ellos igual las hacen. Peor aún, incitan a otros a que también las hagan.

9. **Mateo 23:23:** ¡Qué aflicción les espera, maestros de la ley religiosa y fariseos! ¡Hipócritas! Pues se cuidan de dar el diezmo sobre el más mínimo ingreso de sus jardines de hierbas, pero pasan por alto los aspectos más importantes de la ley: la justicia, la misericordia y la fe. Es cierto que deben diezmar, pero sin descuidar las cosas más importantes.

10. **2 Corintios 8:1-15:** Ahora quiero que sepan, amados hermanos, lo que Dios, en su bondad, ha hecho por medio de las iglesias de Macedonia. [2] Estas iglesias están siendo probadas con muchas aflicciones y además son muy pobres; pero a la vez rebosan de abundante alegría, la cual se desbordó en gran generosidad. [3] Pues puedo dar fe de que dieron no solo lo que podían, sino aún mucho más. Y lo hicieron por voluntad propia. [4] Nos suplicaron una y otra vez tener el privilegio de participar en la ofrenda para los creyentes de Jerusalén. [5] Incluso hicieron más de lo que esperábamos, porque su primer paso fue entregarse ellos mismos al Señor y a nosotros, tal como Dios quería. [6] Así que le hemos pedido a Tito, quien los alentó a que comenzaran a dar, que regrese a ustedes y los anime a completar este ministerio de ofrendar. [7] Dado que ustedes sobresalen en tantas maneras; en su fe, sus oradores talentosos, su conocimiento, su entusiasmo y el amor que reciben de nosotros, quiero que también sobresalgan en este acto bondadoso de ofrendar. [8] No estoy ordenándoles que lo hagan, pero pongo a prueba qué tan genuino es su amor al compararlo con el anhelo de las otras iglesias. [9] Ustedes conocen la gracia generosa de nuestro Señor Jesucristo. Aunque era rico, por amor a ustedes se hizo pobre para que mediante su pobreza pudiera hacerlos ricos. [10] Este es mi consejo: sería bueno que completaran lo que comenzaron hace un año. El año pasado, ustedes fueron los primeros en querer dar y fueron los primeros en comenzar a hacerlo. [11] Ahora deberían terminar lo que comenzaron. Que el anhelo que mostraron al principio corresponda ahora con lo que den. Den en proporción a lo que tienen. [12] Todo lo que den es bien recibido si lo dan con entusiasmo. Y den según lo que tienen, no según lo que no tienen. [13] Claro, con eso no quiero decir que lo que ustedes den deba hacerles fácil la vida a otros y difícil a ustedes. Solo quiero decir que debería haber cierta igualdad. [14] Ahora mismo ustedes tienen en abundancia y pueden ayudar a los necesitados. Más adelante, ellos tendrán en abundancia y podrán compartir con ustedes cuando pasen necesidad. De esta manera, habrá igualdad. [15] Como dicen las Escrituras: "A los que recogieron mucho, nada les sobraba, y a los que recogieron solo un poco, nada les faltaba".

11. **1 Corintios 9:13-14:** ¿No se dan cuenta de que los que trabajan en el templo obtienen sus alimentos de las ofrendas que se llevan al templo? Y los que sirven en el altar reciben una porción de lo que se ofrece como sacrificio. [14] Del mismo modo, el Señor ordenó que los que predican la Buena Noticia sean sostenidos por los que reciben el beneficio del mensaje.

12. **Gálatas 6:6:** Los que reciben enseñanza de la palabra de Dios deberían proveer a las necesidades de sus maestros, compartiendo todas las cosas buenas con ellos.

13. **2 Corintios 9:5-15:** Así que pensé que debería enviarles a estos hermanos primero, a fin de estar seguro de que tienen lista la ofrenda que prometieron; pero quiero que sea una ofrenda voluntaria, no una ofrenda dada de mala gana. [6] Recuerden lo siguiente: un agricultor que siembra solo unas cuantas semillas obtendrá una cosecha pequeña. Pero el que siembra abundantemente obtendrá una cosecha abundante. [7] Cada uno debe decidir en su corazón cuánto dar; y no den de mala gana ni bajo presión, "porque Dios ama a la persona que da con alegría". [8] Y Dios proveerá con generosidad todo lo que necesiten. Entonces siempre tendrán todo lo necesario y habrá bastante de sobra para compartir con otros. [9] Como dicen las Escrituras: "Comparten con libertad y dan con generosidad a los pobres. Sus buenas acciones serán recordadas para siempre". [10] Pues es Dios quien provee la semilla al agricultor y luego el pan para comer. De la misma manera, él proveerá y aumentará los recursos de ustedes y luego producirá una gran cosecha de generosidad en ustedes. [11] Efectivamente, serán enriquecidos en todo sentido para que siempre puedan ser generosos; y cuando llevemos sus ofrendas a los que las necesitan, ellos darán gracias a Dios. [12] Entonces dos cosas buenas resultarán

del ministerio de dar: se satisfarán las necesidades de los creyentes de Jerusalén y ellos expresarán con alegría su agradecimiento a Dios. [13] Como resultado del ministerio de ustedes, ellos darán la gloria a Dios. Pues la generosidad de ustedes tanto hacia ellos como a todos los creyentes demostrará que son obedientes a la Buena Noticia de Cristo. [14] Y ellos orarán por ustedes con un profundo cariño debido a la desbordante gracia que Dios les ha dado a ustedes. [15] ¡Gracias a Dios por este don que es tan maravilloso que no puede describirse con palabras!

14. **Deuteronomio 16:9-10:** Cuenta siete semanas a partir del momento en que comiences a cortar el grano al inicio de la cosecha. [10] Luego celebra el Festival de la Cosecha en honor al Señor tu Dios. Llévale una ofrenda voluntaria en proporción a las bendiciones que hayas recibido de él.

15. **Lucas 11:42:** ¡Qué aflicción les espera, fariseos! Pues se cuidan de dar el diezmo sobre el más mínimo ingreso de sus jardines de hierbas, pero pasan por alto la justicia y el amor de Dios. Es cierto que deben diezmar, pero sin descuidar las cosas más importantes.

16. **Deuteronomio 17:1:** Nunca sacrifiques al Señor tu Dios ganado, ovejas o cabras que tengan algún defecto o enfermedad, porque él detesta esa clase de ofrendas.

17. **Isaías 55:8-9:** "Mis pensamientos no se parecen en nada a sus pensamientos", dice el Señor. "Y mis caminos están muy por encima de lo que pudieran imaginarse. [9] Pues así como los cielos están más altos que la tierra, así mis caminos están más altos que sus caminos y mis pensamientos, más altos que sus pensamientos".

18. **Proverbios 16:25:** Delante de cada persona hay un camino que parece correcto, pero termina en muerte.

19. **Hechos 20:33-35:** Yo nunca he codiciado la plata ni el oro ni la ropa de nadie. [34] Ustedes saben que mis dos manos han trabajado para satisfacer mis propias necesidades e incluso las necesidades de los

que estuvieron conmigo. [35] Y he sido un ejemplo constante de cómo pueden ayudar con trabajo y esfuerzo a los que están en necesidad. Deben recordar las palabras del Señor Jesús: "Hay más bendición en dar que en recibir".

20. **Lucas 6:45:** Una persona buena produce cosas buenas del tesoro de su buen corazón, y una persona mala produce cosas malas del tesoro de su mal corazón. Lo que uno dice brota de lo que hay en el corazón.

21. **Proverbios 4:23:** Sobre todas las cosas cuida tu corazón, porque este determina el rumbo de tu vida.

22. **Mateo 15:16-20:** "¿Todavía no lo entienden?", preguntó Jesús. [17] "Todo lo que comen pasa a través del estómago y luego termina en la cloaca, [18] pero las palabras que ustedes dicen provienen del corazón; eso es lo que los contamina. [19] Pues del corazón salen los malos pensamientos, el asesinato, el adulterio, toda inmoralidad sexual, el robo, la mentira y la calumnia. [20] Esas cosas son las que los contaminan. Comer sin lavarse las manos nunca los contaminará".

23. **Salmo 112:** ¡Alabado sea el Señor! ¡Qué felices son los que temen al Señor y se deleitan en obedecer sus mandatos! [2] Sus hijos tendrán éxito en todas partes; toda una generación de justos será bendecida. [3] Ellos mismos serán ricos, y sus buenas acciones durarán para siempre. [4] La luz brilla en la oscuridad para los justos; son generosos, compasivos y rectos. [5] Les va bien a los que prestan dinero con generosidad y manejan sus negocios equitativamente. [6] A estas personas no las vencerá el mal; a los rectos se los recordará por mucho tiempo. [7] Ellos no tienen miedo de malas noticias; confían plenamente en que el Señor los cuidará. [8] Tienen confianza y viven sin temor, y pueden enfrentar triunfantes a sus enemigos. [9] Comparten con libertad y dan con generosidad a los necesitados; sus buenas acciones serán recordadas para siempre. Ellos tendrán influencia y recibirán honor. [10] Los perversos lo verán

y se pondrán furiosos. Rechinarán los dientes de enojo; se escabullirán avergonzados con sus esperanzas frustradas.

24. **Lucas 6:38:** Den, y recibirán. Lo que den a otros les será devuelto por completo: apretado, sacudido para que haya lugar para más, desbordante y derramado sobre el regazo. La cantidad que den determinará la cantidad que recibirán a cambio.

25. **Proverbios 1:19:** Así terminan todos los que codician el dinero; esa codicia les roba la vida.

26. **2 Pedro 2:19:** Prometen libertad, pero ellos mismos son esclavos del pecado y de la corrupción porque uno es esclavo de aquello que lo controla.

27. **Eclesiastés 5:10-11:** Los que aman el dinero nunca tendrán suficiente. ¡Qué absurdo es pensar que las riquezas traen verdadera felicidad! [11] Cuanto más tengas, más se te acercará la gente para ayudarte a gastarlo. Por lo tanto, ¿de qué sirven las riquezas? ¡Quizás solo para ver cómo se escapan de las manos!

28. **1 Timoteo 6:6-10:** Ahora bien, la verdadera sumisión a Dios es una gran riqueza en sí misma cuando uno está contento con lo que tiene. [7] Después de todo, no trajimos nada cuando vinimos a este mundo ni tampoco podremos llevarnos nada cuando lo dejemos. [8] Así que, si tenemos suficiente alimento y ropa, estemos contentos. [9] Pero los que viven con la ambición de hacerse ricos caen en tentación y quedan atrapados por muchos deseos necios y dañinos que los hunden en la ruina y la destrucción. [10] Pues el amor al dinero es la raíz de toda clase de mal; y algunas personas, en su intenso deseo por el dinero, se han desviado de la fe verdadera y se han causado muchas heridas dolorosas.

CAPÍTULO 12
COMUNIÓN

La mayoría de las personas han escuchado la palabra "comunión" y pueden pensar que es algo que se hace 'en la iglesia' con una hostia y un poco de vino o jugo de uva. Esta es una descripción exacta, pero la realidad detrás de esta práctica de comunión es una bella imagen de Dios impartiendo su carácter con aquellos que han recibido salvación de Jesucristo.

La palabra "comunión" viene de la palabra griega *koinonia*, la cual significa "compartir en común". Esto puede significar compartir pensamientos o costumbres. La palabra "comunión" como tal solo aparece en la versión de la Biblia del Rey Jacobo y solo cuatro veces en el Nuevo Testamento. *Koinonia* de otra manera puede ser traducido como "hermandad", "compañerismo" o "participante" (alguien que participa, forma parte de algo y que comparte).

Comunión Bíblica

El Nuevo Testamento nos enseña que Jesús les dijo a sus discípulos que observaran la comunión con frecuencia (1 Corintios 11:23-26[1]). En la misma noche en la que fue traicionado, justo antes de su crucifixión, Él habló las últimas palabras que quiso que sus seguidores recordaran. La comida que Jesús compartió con ellos se conoce como "La Última Cena" porque fue la comida final que Él compartió con ellos. Hacia el final de la cena, Jesús quebró el pan y se lo ofreció con el vino a sus amados amigos.

Él explicó que el pan era simbólico de su cuerpo que sería quebrantado en la cruz porque se echaría encima la carga de los pecados del mundo. La copa sería el símbolo de su sangre que sería derramada por ellos y por las futuras generaciones de sus seguidores. Su sangre fue derramada para perdonarnos, limpiarnos y purificarnos de nuestro pecado.

La comunión también se conoce como "La Cena del Señor" (Hechos 2:42-47[2]). Jesús instruyó a estos hombres a que continuaran compartiendo el pan y el vino después de su muerte cada vez que se juntaran (Lucas 22:14-20[3]). Él dijo que cuando recibieran estos elementos (el pan y el vino), sería un recordatorio de su sacrificio, lo cual estableció el "Nuevo Pacto".

El "Nuevo Pacto" fue profetizado en el Antiguo Testamento cientos de años antes de que Cristo viniera. Este pacto, o promesa, fue la sangre que Jesús sacrificó para perdonar nuestros pecados. Conforme somos perdonados y salvados por el Señor Jesús, su Santo Espíritu perfecciona nuestra propia comunión y relación con Dios (Jeremías 31:33-34[4]; 2 Corintios 3:3-11[5]).

Recuerda que el Antiguo Pacto era el sistema de sacrificios de sangre de toros y corderos, los cuales tenían que hacerse día tras día, año tras año. Sin embargo, todo este sistema era solamente un anticipo de el glorioso sacrificio de Cristo, su propia muerte, para que la gente que decidiera creer en Él pudiera reconciliarse con Dios y ser perdonada. Con el advenimiento de nuestro Señor, el antiguo sistema ya no era necesario y fue absuelto.

La Comida De La Pascua

Es muy interesante que Jesús haya llamado "Comida de la Pascua" a la comunión en Lucas 22:15[6]. La Pascua del Antiguo Testamento ocurrió cientos de años antes del nacimiento de Jesús. La historia habla de cuando los judíos iban a salir de Egipto, donde habían sido esclavizados por 400 años. Sin embargo, Dios estaba por salvarlos y llevarlos a la 'Tierra Prometida'. Esta 'tierra' es actualmente el país de Israel y el área que le rodea.

Incidentalmente, me gusta comparar esta historia de la libertad de los judíos con la libertad que recibimos cuando aceptamos el pago de Jesús por nuestros pecados. Así como ellos entraron a su tierra prometida, yo creo que para el cristiano la 'Tierra Prometida' es una relación íntima con Dios ahora, así como será nuestra vida en el futuro con Él en la eternidad.

La historia de la Pascua nos dice que Faraón, el rey de Egipto, no quería soltar a sus esclavos hebreos, pero Dios intervino mandando plaga tras plaga para obligarlo a que soltara a los judíos de su mando. La última adversidad que Dios le mandó fue la del Ángel de la Muerte. El ángel fue enviado para matar a todo hijo varón primogénito y a todo animal primogénito de la región (masculino) (Éxodo 12:11-13[7]). Es interesante que el libro de Éxodo haya sido nombrado así porque significa "salida".

Ahora, Dios quería proteger a su pueblo, así que Él instruyó a los israelitas a que mataran un cordero y que pintaran los postes de las puertas de su casa con la sangre. Al acercarse el Ángel de la Muerte a sus casas, 'pasaría' sobre ellos sin matar a sus hijos y animales primogénitos. Así se dio el nombre de "Pascua".

Adicionalmente, los judíos debían comer el cordero y el pan antes de comenzar su jornada. El pan debía ser hecho sin levadura, pues no tenían tiempo de esperar a que leudara. Tenían que estar preparados para salir repentinamente.

Todo esto es extremadamente significativo con relación a Jesús. Primero, Él es el Cordero varón, el Sacrificio Perfecto (Juan 1:29-30[8]). Jesús ofreció su propia sangre, la cual simbólicamente 'cubre la puerta' de la vida del creyente, y ahora el juicio pasa por encima de nuestras vidas. Por este regalo maravilloso, el cristiano ahora no sufrirá la muerte espiritual ni la separación eterna de Dios.

Además, los judíos comieron la comida de Pascua antes de que empezara el sufrimiento, así como Jesús lo hizo (vean Lucas 22:15b[9] nuevamente). Y así como el pueblo de Dios en la historia del Éxodo estaba listo para partir de un momento a otro, nosotros también debemos estar listos en cualquier momento, anticipando el regreso de nuestro Señor (1 Tesalonicenses 5:2[10]).

Motivo Por La Comunión

Ahora que entendemos lo que es la comunión, le daremos la importancia de recibirla seriamente. De hecho, la Biblia dice que podemos hacernos daño si nos tomamos la comunión a la ligera o sin arrepentimiento (1 Corintios 11:27-32[11]). ¡Esta sección de la Escritura se refiere a la práctica de los corintios que usaban el pan y el vino de su comunión para llenar sus estómagos y embriagarse!

No es probable que comulguemos por estas razones, pero sí es un aviso para que no tomemos la comunión si no nos hemos confesado y arrepentido del pecado en nuestras vidas. ¡No debemos estar en comunión con Dios sin pensarlo! Se nos dice que examinemos nuestro corazón y nuestras acciones para asegurar que estemos bien con Dios antes de comer y beber la Cena del Señor (Hebreos 10:29[12]). Como cristianos, hemos sido comprados con un precio muy caro y precioso. Por lo tanto, no tomemos a la ligera aquello que se nos ha dado con tanto amor y sacrificio (1 Pedro 1:18-20[13]).

Conforme pase el tiempo en nuestra vida cristiana, puede ser que de manera no intencional comencemos a hacer de las directivas de Jesús un hábito o ritual, en lugar de algo vital y parte de una vida dinámica. A veces nuestra fe pierde el sabor, el amor o el poder, pero seguimos asistiendo a la iglesia por 'costumbre'. A esto se le llama religión. ¡Jesús detesta la religión! Él desea tener una relación viva y emocionante con nosotros y que crezcamos en esta relación. Debemos proteger esta conexión a diario e intencionalmente tomar decisiones que nos ayuden a cultivar nuestra unión con Él.

¡Vivir por Jesús es la experiencia más emocionante que puedas imaginar! Pero toma tiempo y esfuerzo mantener una relación con Él. Yo le pido a Dios que este libro te haya ayudado a entender las verdades básicas de la vida cristiana y que recibas el poder del Espíritu Santo para vivir una vida agradable al Señor Jesucristo. También pido para que entregues completamente tu vida a Él. La vida siempre tendrá sus dificultades, pero cuando Jesús es tu prioridad más alta, serás capaz de sobrepasarlas y de prosperar en maneras que nunca te imaginaste.

¡Haz a Jesús tu prioridad más alta cada día!

Si aún tienes tiempo de sobra después de esta última clase, puedes tomarte el tiempo para compartir con tu grupo las cosas que has aprendido en estos estudios. Escribe algunas maneras en las que puedes comenzar a amar y servir a Jesús hoy mismo.

Sharon ☺

CAPÍTULO 12
Versículos de Escrituras

1. **1 Corintios 11:23-26:** Pues yo les transmito lo que recibí del Señor mismo. La noche en que fue traicionado, el Señor Jesús tomó pan [24] y dio gracias a Dios por ese pan. Luego lo partió en trozos y dijo: "Esto es mi cuerpo, el cual es entregado por ustedes. Hagan esto en memoria de mí". [25] De la misma manera, tomó en sus manos la copa de vino después de la cena, y dijo: "Esta copa es el nuevo pacto entre Dios y su pueblo, un acuerdo confirmado con mi sangre. Hagan esto en memoria de mí todas las veces que la beban". [26] Pues, cada vez que coman este pan y beban de esta copa, anuncian la muerte del Señor hasta que él vuelva.

2. **Hechos 2:42-47:** Todos los creyentes se dedicaban a las enseñanzas de los apóstoles, a la comunión fraternal, a participar juntos en las comidas (entre ellas la Cena del Señor), y a la oración. [43] Un profundo temor reverente vino sobre todos ellos, y los apóstoles realizaban muchas señales milagrosas y maravillas. [44] Todos los creyentes se reunían en un mismo lugar y compartían todo lo que tenían. [45] Vendían sus propiedades y posesiones y compartían el dinero con aquellos en necesidad. [46] Adoraban juntos en el templo cada día, se reunían en casas para la Cena del Señor y compartían sus comidas con gran gozo y generosidad, [47] todo el tiempo alabando a Dios y disfrutando de la buena voluntad de toda la gente. Y cada día el Señor agregaba a esa comunidad cristiana los que iban siendo salvos.

3. **Lucas 22:14-20:** Cuando llegó la hora, Jesús y los apóstoles se sentaron juntos a la mesa. [15] Jesús dijo: "He tenido muchos deseos de comer esta Pascua con ustedes antes de que comiencen mis sufrimientos. [16] Pues ahora les digo que no volveré a comerla hasta que su significado se cumpla en el reino de Dios". [17] Luego tomó en sus manos una copa de vino y le dio gracias a Dios por ella. Entonces

dijo: "Tomen esto y repártanlo entre ustedes. [18] Pues no volveré a beber vino hasta que venga el reino de Dios". [19] Tomó un poco de pan y dio gracias a Dios por él. Luego lo partió en trozos, lo dio a sus discípulos y dijo: "Esto es mi cuerpo, el cual es entregado por ustedes. Hagan esto en memoria de mí". [20] Después de la cena, tomó en sus manos otra copa de vino y dijo: "Esta copa es el nuevo pacto entre Dios y su pueblo, un acuerdo confirmado con mi sangre, la cual es derramada como sacrificio por ustedes".

4.   **Jeremías 31:33-34:** "Pero este es el nuevo pacto que haré con el pueblo de Israel después de esos días", dice el Señor. "Pondré mis instrucciones en lo más profundo de ellos y las escribiré en su corazón. Yo seré su Dios, y ellos serán mi pueblo. [34] Y no habrá necesidad de enseñar a sus vecinos ni habrá necesidad de enseñar a sus parientes diciendo: 'Deberías conocer al Señor'. Pues todos ya me conocerán, desde el más pequeño hasta el más grande", dice el Señor. "Perdonaré sus maldades y nunca más me acordaré de sus pecados".

5.   **2 Corintios 3:3-11:** Es evidente que son una carta de Cristo que muestra el resultado de nuestro ministerio entre ustedes. Esta "carta" no está escrita con pluma y tinta, sino con el Espíritu del Dios viviente. No está tallada en tablas de piedra, sino en corazones humanos. [4] Estamos seguros de todo esto debido a la gran confianza que tenemos en Dios por medio de Cristo. [5] No es que pensemos que estamos capacitados para hacer algo por nuestra propia cuenta. Nuestra aptitud proviene de Dios. [6] Él nos capacitó para que seamos ministros de su nuevo pacto. Este no es un pacto de leyes escritas, sino del Espíritu. El antiguo pacto escrito termina en muerte; pero, de acuerdo con el nuevo pacto, el Espíritu da vida. [7] El camino antiguo, con leyes grabadas en piedra, conducía a la muerte, aunque comenzó con tanta gloria que el pueblo de Israel no podía mirar la cara de Moisés. Pues su rostro brillaba con la gloria de Dios, aun cuando el brillo ya estaba desvaneciéndose. [8] ¿No deberíamos esperar mayor gloria dentro del nuevo camino, ahora que el

Espíritu Santo da vida? [9] Si el antiguo camino, que trae condenación, era glorioso, ¡cuánto más glorioso es el nuevo camino, que nos hace justos ante Dios! [10] De hecho, aquella primera gloria no era para nada gloriosa comparada con la gloria sobreabundante del nuevo camino. [11] Así que si el antiguo camino, que ha sido reemplazado, era glorioso, ¡cuánto más glorioso es el nuevo, que permanece para siempre!

6. **Lucas 22:15:** Jesús dijo: "He tenido muchos deseos de comer esta Pascua con ustedes antes de que comiencen mis sufrimientos".

7. **Éxodo 12:11-13:** "Estas son las instrucciones para cuando coman esa comida: estén totalmente vestidos, lleven puestas las sandalias y tengan su bastón en la mano. Coman de prisa, porque es la Pascua del Señor. [12] Esa noche pasaré por la tierra de Egipto y heriré de muerte a todo primer hijo varón y a la primera cría macho de los animales en la tierra de Egipto. Ejecutaré juicio contra todos los dioses de Egipto, ¡porque yo soy el Señor! [13] Pero la sangre sobre los marcos de las puertas servirá de señal para indicar las casas donde ustedes estén. Cuando yo vea la sangre, pasaré de largo. Esa plaga de muerte no los tocará a ustedes cuando yo hiera la tierra de Egipto".

8. **Juan 1:29-30:** Al día siguiente, Juan vio que Jesús se le acercaba y dijo: "¡Miren! ¡El Cordero de Dios, que quita el pecado del mundo! [30] A él me refería cuando yo decía: 'Después de mí, vendrá un hombre que es superior a mí porque existe desde mucho antes que yo'".

9. **Lucas 22:15:** Jesús dijo: "He tenido muchos deseos de comer esta Pascua con ustedes antes de que comiencen mis sufrimientos".

10. **1 Tesalonicenses 5:2:** Pues ustedes saben muy bien que el día del regreso del Señor llegará inesperadamente, como un ladrón en la noche.

11. **1 Corintios 11:27-32:** Por lo tanto, cualquiera que coma este pan o beba de esta copa del Señor en forma indigna es culpable de pecar contra el cuerpo y la sangre del Señor. [28] Por esta razón, cada uno debería examinarse a sí mismo antes de comer el pan y beber de la copa. [29] Pues, si alguno come el pan y bebe de la copa sin honrar el cuerpo de Cristo, come y bebe el juicio de Dios sobre sí mismo. [30] Esa es la razón por la que muchos de ustedes son débiles y están enfermos y algunos incluso han muerto. [31] Si nos examináramos a nosotros mismos, Dios no nos juzgaría de esa manera. [32] Sin embargo, cuando el Señor nos juzga, nos está disciplinando para que no seamos condenados junto con el mundo.

12. **Hebreos 10:29:** Piensen, pues, cuánto mayor será el castigo para quienes han pisoteado al Hijo de Dios y han considerado la sangre del pacto, la cual nos hizo santos, como si fuera algo vulgar e inmundo, y han insultado y despreciado al Espíritu Santo que nos trae la misericordia de Dios.

13. **1 Pedro 1:18-20:** Pues ustedes saben que Dios pagó un rescate para salvarlos de la vida vacía que heredaron de sus antepasados. No fue pagado con oro ni plata, los cuales pierden su valor, [19] sino que fue con la preciosa sangre de Cristo, el Cordero de Dios, que no tiene pecado ni mancha. [20] Dios lo eligió como el rescate por ustedes mucho antes de que comenzara el mundo, pero ahora en estos últimos días él ha sido revelado por el bien de ustedes.